O CADERNO

Obras do autor publicadas pela Companhia das Letras

Alabardas, alabardas, espingardas, espingardas
O ano da morte de Ricardo Reis
O ano de 1993
A bagagem do viajante
O caderno
Cadernos de Lanzarote
Cadernos de Lanzarote II
Caim
A caverna
Claraboia
Com o mar por meio – Uma amizade em cartas
O conto do ilha desconhecida
Don Giovanni ou O dissoluto absolvido
Ensaio sabre a cegueira
Ensaio sobre a lucidez
O Evangelho segundo Jesus Cristo
História do cerco de Lisboa
O homem duplicado
In Nomine Dei
As intermitências do morte
A jangada de pedra
O lagarto
Levantado do chão
Uma luz inesperada
A maior flor do mundo
Manual de pintura e caligrafia
Memorial do convento
Objeto quase
As palavras de Saramago (org. Fernando Gómez Aguilera)
As pequenas memórias
Que farei com este livro?
O silêncio da água
Todos os nomes
Viagem a Portugal
A viagem do elefante

JOSÉ SARAMAGO

O CADERNO

2ª edição

Copyright © 2009 by Herdeiros de José Saramago
e Fundação José Saramago

Capa:
Adaptada de *Silvadesigners*,
autorizada por *Porto Editora S.A.*
e *Fundação José Saramago*

Caligrafia da capa:
Lázaro Ramos

Revisão:
Carmen T. S. Costa
Nestor Turano

A editora manteve a grafia vigente em Portugal, observando as Regras do Acordo Ortográfico da Língua Portuguesa de 1990.

Dados Internacionais de Catalogação na Publicação (CIP)
(Câmara Brasileira do Livro, SP, Brasil)

Saramago, José, 1922-2010
 O caderno / José Saramago. — 2ª ed. — São Paulo : Companhia das Letras, 2023.

ISBN 978-65-5921-143-2

1. Crônicas portuguesas 2. Saramago, José, 1922-2010
I. Título.

23-144870 CDD-869.3

Índice para catálogo sistemático:
1. Crônicas : Literatura portuguesa   869.3
Henrique Ribeiro Soares - Bibliotecário - CRB-8/9314

Todos os direitos desta edição reservados à
EDITORA SCHWARCZ S.A.
Rua Bandeira Paulista, 702, cj. 32
04532-002 — São Paulo — SP
Telefone: (11) 3707-3500
www.companhiadasletras.com.br
www.blogdacompanhia.com.br
facebook.com/companhiadasletras
instagram.com/companhiadasletras
twitter.com/cialetras

Este livro vai dedicado aos colaboradores da Fundação, em especial a Sérgio Letria e a Javier Muñoz. Eles são os que todas as noites, em Lisboa e em Lanzarote, esperam, e às vezes até tarde, as breves prosas que lhes envio e que, grão a grão, acabaram por formar um volume que nunca cheguei a imaginar que viesse a ser tão extenso. Eles são os artífices do blog.

Este livro não necessita ser dedicado a Pilar porque já lhe pertencia desde o dia em que me disse: "Tens um trabalho, escreve um blog".

Quando em fevereiro de 1993 nos instalámos em Lanzarote, conservando sempre a casa de Lisboa, meus cunhados María e Javier, que já ali viviam há alguns anos, junto a Luis e Juanjo, recém-chegados, ofereceram-me um caderno que deveria servir de registo dos nossos dias canários. Punham uma só condição: que de vez em quando fizesse menção das suas pessoas.

Nunca escrevi nada no tal caderno, mas foi desta maneira, e não por outras vias, que nasceram os Cadernos de Lanzarote, *que durante cinco anos veriam a luz. Hoje, sem esperar, encontro-me numa situação parecida. Desta vez, porém, as causas motoras são Pilar, Sérgio e Javier, que se ocupam do blog. Disseram-me que reservaram para mim um espaço no blog e que devo escrever para ele, o que for, comentários, reflexões, simples opiniões sobre isto e aquilo, enfim, o que vier a talhe de foice. Muito mais disciplinado do que frequentemente pareço, respondi-lhes que sim, senhor, que o faria desde que não me fosse exigida para este Caderno a assiduidade que a mim mesmo havia imposto nos outros. Portanto, pelo que isso possa valer, contem comigo.*

José Saramago

SUMÁRIO

SETEMBRO DE 2008

15	Palavras para uma cidade, 17
17	Perdão para Darwin?, 20
18	George Bush, ou a idade da mentira, 21
19	Berlusconi & C.ª, 22
20	Ao cemitério de Pulianas, 24
22	Aznar, o oráculo, 25
23	Biografias, 26
24	Divórcios e bibliotecas, 28
25	Pura aparência, 29
26	A prova do algodão, 30
29	Claro como água, 32
30	Esperanças e utopias, 33

OUTUBRO DE 2008

| 1 | Onde está a esquerda?, 37 |
| 2 | Inimigos em casa, 38 |

6	Sobre Fernando Pessoa, 40
7	O outro lado, 42
8	Voltando à vaca-fria, 43
9	Deus e Ratzinger, 44
13	Eduardo Lourenço, 46
14	Jorge Amado, 48
15	Carlos Fuentes, 50
16	Federico Mayor Zaragoza, 52
17	Deus como problema, 54
20	Crime (financeiro) contra a humanidade, 58
21	Constituições e realidades, 61
22	Chico Buarque de Holanda, 62
23	Têm alma os verdugos?, 63
24	José Luis Sampedro, 66
27	Quando for crescido quero ser como Rita, 67
28	Fernando Meirelles & C.ª, 68
29	Novo capitalismo?, 70
30	A pergunta, 72

NOVEMBRO DE 2008

3	Mentira, verdade, 75
4	A guerra que não chegou a ser, 75
5	Guantánamo, 77
6	106 anos, 78
7	Palavras, 79
9	Rosa Parks, 80
10	Receita para matar um homem, 81
11	Velhos e novos, 83
12	Dogmas, 84
13	RCP, 84
16	86 anos, 85
18	Vivo, vivíssimo, 86
19	Inundação, 86
20	Todos os nomes, 87

22   No Brasil, 88
23   Gado, 88
24   Duas notícias, 89
25   A página infinita da internet, 90
27   Dia vivido, 91
28   Educação sexual, 92
30   Livraria Cultura, 92

DEZEMBRO DE 2008

1   Diferenças, 97
3   Salomão regressa a Belém, 98
4   A quem interesse, 99
4   Saviano, 99
9   Calle Santa Fe, 100
10   Homenagem, 101
11   Baltasar Garzón (1), 102
12   Baltasar Garzón (2), 102
15   Borges, 103
16   O golpe final, 104
17   Palavras, 105
18   Editores, 106
22   Gaza, 107
23   Um ano depois, 108
24   Natal, 108
25   Ceia, 109
29   Cunhados, 110
30   Livro, 110
31   Israel, 111

JANEIRO DE 2009

5   Balanço, 115
6   Sarkozy, o irresponsável, 116

7	"No nos abandones", 116
8	Das pedras de David aos tanques de Golias, 118
11	Com Gaza, 121
12	Imaginemos, 122
13	Ángel González, 123
14	Presidentes, 125
15	Lapidações e outros horrores, 126
19	A outra crise, 126
20	Obama, 127
21	Donde?, 128
22	Israel e os seus derivados, 129
23	Quê?, 130
26	Clinton?, 130
27	Rodham, 131
28	Gervasio Sánchez, 132
29	Testemunho, 132

FEVEREIRO DE 2009

2	Pão, 137
3	Davos, 138
4	Banqueiros, 139
5	Adolf Eichmann, 140
6	Sampaio, 141
9	Vaticanadas, 141
10	Sigifredo, 143
11	Ateus, 143
12	Dizemos, 144
13	Penas chinesas, 145
16	Maus-tratos, 145
17	A morte à porta de casa, 147
18	Que fazer com os italianos?, 147
19	Susi, 148
20	Paco, 150
22	Carta a Antonio Machado, 150

24 Esquerda, 152
25 Justiças, 152
26 Cão-d'água, 153

MARÇO DE 2009

2 Gonçalo M. Tavares, 157
3 Eleições, 158
4 Reparar, 158
5 Reparar outra vez, 159
9 8 de Março, 160
10 Douro-Duero, 161
11 Sentido comum, 162
12 Beijar os nomes, 163
13 A democracia num táxi, 164
15 Presidenta, 165

SETEMBRO DE 2008

Dia 15

Mexendo nuns quantos papéis que já perderam a frescura da novidade, encontrei um artigo sobre Lisboa escrito há uns quantos anos, e, não me envergonho de confessá-lo, emocionei-me. Talvez porque não se trate realmente de um artigo, mas de uma carta de amor, de amor a Lisboa. Decidi então partilhá-la com os meus leitores e amigos tornando-a outra vez pública, agora na página infinita da internet, e com ela inaugurar o meu espaço pessoal neste blog.

PALAVRAS PARA UMA CIDADE

Tempo houve em que Lisboa não tinha esse nome. Chamavam-lhe Olisipo quando os romanos ali chegaram, Olissibona quando a tomaram os mouros, que logo deram em dizer Aschbouna, talvez porque não soubessem pronunciar a bárbara palavra. Quando, em 1147, depois de um cerco de três meses, os mouros foram vencidos, o nome da cidade não mudou logo na hora seguinte: se aquele que iria ser o nosso primeiro rei enviou à família uma carta a anunciar o feito, o mais provável é que tenha escrito ao alto Aschbouna, 24 de outubro, ou Olissibona, mas nunca Lisboa. Quando começou Lisboa a ser Lisboa de facto e de direito? Pelo menos alguns anos tiveram de passar antes que o novo nome nascesse, tal como para que os conquistadores galegos começassem a tornar-se portugueses...

Estas miudezas históricas interessam pouco, dir-se-á, mas a mim interessar-me-ia muito, não só saber, mas ver, no exato sentido da palavra, como veio mudando Lisboa desde aqueles dias. Se o cinema já existisse então, se os velhos cronistas fossem operadores de câmara, se as mil e uma mudanças por que Lisboa passou ao longo dos séculos tivessem sido registadas, poderíamos ver essa Lisboa de oito séculos crescer e mover-se como um ser vivo, como aquelas flores que a televisão nos mostra, abrindo-se em poucos segundos, desde o botão ainda fechado ao esplendor final das formas e das cores. Creio que amaria a essa Lisboa por cima de todas as cousas.

Fisicamente, habitamos um espaço, mas, sentimentalmente, somos habitados por uma memória. Memória que é a de um espaço e de um tempo, memória no interior da qual vivemos, como uma ilha entre dois mares: um que dizemos passado, outro que dizemos futuro. Podemos navegar no mar do passado próximo graças à memória pessoal que conservou a lembrança das suas rotas, mas para navegar no mar do passado remoto teremos de usar as memórias que o tempo acumulou, as memórias de um espaço continuamente transformado, tão fugidio como o próprio tempo. Esse filme de Lisboa, comprimindo o tempo e expandindo o espaço, seria a memória perfeita da cidade.

O que sabemos dos lugares é coincidirmos com eles durante um certo tempo no espaço que são. O lugar estava ali, a pessoa apareceu, depois a pessoa partiu, o lugar continuou, o lugar tinha feito a pessoa, a pessoa havia transformado o lugar. Quando tive de recriar o espaço e o tempo de Lisboa onde Ricardo Reis viveria o seu último ano, sabia de antemão que não seriam coincidentes as duas noções do tempo e do lugar: a do adolescente tímido que fui, fechado na sua condição social, e a do poeta lúcido e genial que frequentava as mais altas regiões do espírito. A minha Lisboa foi sempre a dos bairros pobres, e quando, muito mais tarde, as circunstâncias me levaram a viver noutros ambientes, a memória que preferi guardar foi a da Lisboa dos meus primeiros anos, a Lisboa da gente de pouco ter e de muito sentir, ainda rural nos costumes e na compreensão do mundo.

Talvez não seja possível falar de uma cidade sem citar umas quantas datas notáveis da sua existência histórica. Aqui, falando de Lisboa, foi mencionada uma só, a do seu começo português: não será particularmente grave o pecado de glorificação... Sê-lo-ia, sim, ceder àquela espécie de exaltação patriótica que, à falta de inimigos reais sobre que fazer cair o seu suposto poder, procura os estímulos fáceis da evocação retórica. As retóricas comemorativas, não sendo forçosamente um mal, comportam no entanto um sentimento de autocomplacência que leva a confundir as palavras com os atos, quando as não coloca no lugar que só a eles competiria.

Naquele dia de outubro, o então ainda mal iniciado Portugal deu um largo passo em frente, e tão firme foi ele que não voltou Lisboa a ser perdida. Mas não nos permitamos a napoleónica vaidade de exclamar: "Do alto daquele castelo oitocentos anos nos contemplam" — e aplaudir-nos depois uns aos outros por termos durado tanto... Pensemos antes que do sangue derramado por um e outro lados está feito o sangue que levamos nas veias, nós, os herdeiros desta cidade, filhos de cristãos e de mouros, de pretos e de judeus, de índios e de amarelos, enfim, de todas as raças e credos que se dizem bons, de todos os credos e raças a que chamam maus. Deixemos na irónica paz dos túmulos aquelas mentes transviadas que, num passado não distante, inventaram para os portugueses um "dia da raça", e reivindiquemos a magnífica mestiçagem, não apenas de sangues, mas sobretudo de culturas, que fundou Portugal e o fez durar até hoje.

Lisboa tem-se transformado nos últimos anos, foi capaz de acordar na consciência dos seus cidadãos o renovo de forças que a arrancou do marasmo em que caíra. Em nome da modernização levantam-se muros de betão sobre as pedras antigas, transtornam-

-se os perfis das colinas, alteram-se os panoramas, modificam-se os ângulos de visão. Mas o espírito de Lisboa sobrevive, e é o espírito que faz eternas as cidades. Arrebatado por aquele louco amor e aquele divino entusiasmo que moram nos poetas, Camões escreveu um dia, falando de Lisboa: "[...] cidade que facilmente das outras é princesa". Perdoemos-lhe o exagero. Basta que Lisboa seja simplesmente o que deve ser: culta, moderna, limpa, organizada — sem perder nada da sua alma. E se todas estas bondades acabarem por fazer dela uma rainha, pois que o seja. Na república que nós somos serão sempre bem-vindas rainhas assim.

Dia 17

PERDÃO PARA DARWIN?

Uma boa notícia, dirão os leitores ingénuos, supondo que, depois de tantos desenganos, ainda os haja por aí. A Igreja Anglicana, essa versão britânica de um catolicismo instituído, no tempo de Henrique VIII, como religião oficial do reino, anunciou uma importante decisão: pedir perdão a Charles Darwin, agora que se comemoram duzentos anos do seu nascimento, pelo mal com que o tratou após a publicação da *Origem das espécies* e, sobretudo, depois de *A descendência do homem*. Nada tenho contra os pedidos de perdão que ocorrem quase todos os dias por uma razão ou outra, a não ser pôr em dúvida a sua utilidade. Mesmo que Darwin estivesse vivo e disposto a mostrar-se benevolente, dizendo "Sim, perdoo", a generosa palavra não poderia apagar um só insulto, uma só calúnia, um só desprezo dos muitos que lhe caíram em cima. O único que daqui tiraria benefício seria a Igreja Anglicana, que veria aumentado, sem despesas, o seu capital de boa consciência. Ainda assim, agradeça-se-lhe o arrependimento, mesmo tardio, que talvez estimule o papa Bento XVI, agora embarcado numa manobra diplomática em relação ao laicismo, a pedir perdão a Galileu Galilei e a Giordano Bruno, em particular a este, cristãmente torturado, com muita caridade, até à própria fogueira onde foi queimado.

Este pedido de perdão da Igreja Anglicana não vai agradar nada aos criacionistas norte-americanos. Fingirão indiferença, mas é evidente que se trata de uma contrariedade para os seus planos. Para aqueles republicanos que, como a sua candidata à vice-presidência, arvoram a bandeira dessa aberração pseudo-científica chamada criacionismo.

Dia 18

GEORGE BUSH, OU A IDADE DA MENTIRA

Pergunto-me como e porquê os Estados Unidos, um país em tudo grande, tem tido, tantas vezes, tão pequenos presidentes. George Bush é talvez o mais pequeno de todos eles. Inteligência medíocre, ignorância abissal, expressão verbal confusa e permanentemente atraída pela irresistível tentação do puro disparate, este homem apresentou-se à humanidade com a pose grotesca de um cowboy que tivesse herdado o mundo e o confundisse com uma manada de gado. Não sabemos o que realmente pensa, não sabemos sequer se pensa (no sentido nobre da palavra), não sabemos se não será simplesmente um robô mal programado que constantemente confunde e troca as mensagens que leva gravadas dentro. Mas, honra lhe seja feita ao menos uma vez na vida, há no robô George Bush, presidente dos Estados Unidos, um programa que funciona à perfeição: o da mentira. Ele sabe que mente, sabe que nós sabemos que está a mentir, mas, pertencendo ao tipo comportamental de mentiroso compulsivo, continuará a mentir ainda que tenha diante dos olhos a mais nua das verdades, continuará a mentir mesmo depois de a verdade lhe ter rebentado na cara. Mentiu para fazer a guerra no Iraque como já havia mentido sobre o seu passado turbulento e equívoco, isto é, com a mesma desfaçatez. A mentira, em Bush, vem de muito longe, está-lhe no sangue. Como mentiroso emérito, é o corifeu de todos aqueles outros mentirosos que o rodearam, aplaudiram e serviram durante os últimos anos.

George Bush expulsou a verdade do mundo para, em seu lugar, fazer frutificar a idade da mentira. A sociedade humana atual está contaminada de mentira como da pior das contaminações morais, e ele é um dos principais responsáveis. A mentira circula impunemente por toda a parte, tornou-se já numa espécie de *outra verdade*. Quando há alguns anos um primeiro-ministro português, cujo nome por caridade omito aqui, afirmou que "a política é a arte de não dizer a verdade", não podia imaginar que George Bush, tempos depois, transformaria a chocante afirmação numa travessura ingénua de político periférico sem consciência real do valor e do significado das palavras. Para Bush a política é, simplesmente, uma das alavancas do negócio, e talvez a melhor de todas, a mentira como arma, a mentira como guarda avançada dos tanques e dos canhões, a mentira sobre as ruínas, sobre os mortos, sobre as míseras e sempre frustradas esperanças da humanidade. Não é certo que o mundo seja hoje mais seguro, mas não duvidemos de que seria muito mais limpo sem a política imperial e colonial do presidente dos Estados Unidos, George Walker Bush, e de quantos, conscientes da fraude que cometiam, lhe abriram o caminho para a Casa Branca. A História lhes pedirá contas.

Dia 19

BERLUSCONI & C.ª

Segundo a revista norte-americana *Forbes*, o Gotha da riqueza mundial, a fortuna de Berlusconi ascende a quase 10 000 milhões de dólares. Honradamente ganhos, claro, embora com não poucas ajudas exteriores, como tem sido, por exemplo, a minha. Sendo eu publicado em Itália pela editora Einaudi, propriedade do dito Berlusconi, algum dinheiro lhe terei feito ganhar. Uma ínfima gota de água no oceano, obviamente, mas que ao menos lhe deve estar dando para pagar os charutos, supondo que a corrupção não é o seu único vício. Salvo o que é do conhecimento geral, sei pouquíssimo da vida e milagres de Silvio Berlusconi, *il*

Cavaliere. Muito mais do que eu há de saber com certeza o povo italiano que uma, duas, três vezes o sentou na cadeira de primeiro-ministro. Ora, como é costume ouvir dizer, os povos são soberanos, e não só soberanos, mas também sábios e prudentes, sobretudo desde que o continuado exercício da democracia facilitou aos cidadãos certos conhecimentos úteis sobre como funciona a política e sobre as diversas formas de alcançar o poder. Isto significa que o povo sabe muito bem o que quer quando o chamam a votar. No caso concreto do povo italiano, que é dele que estamos falando, e não de outro (já chegará sua vez), está demonstrado que a inclinação sentimental que experimenta por Berlusconi, três vezes manifestada, é indiferente a qualquer consideração de ordem moral. Realmente, na terra da máfia e da camorra, que importância poderá ter o facto provado de que o primeiro-ministro seja um delinquente? Numa terra em que a justiça nunca gozou de boa reputação, que mais dá que o primeiro-ministro faça aprovar leis à medida dos seus interesses, protegendo-se contra qualquer tentativa de punição dos seus desmandos e abusos de autoridade?

Eça de Queiroz dizia que, se passeássemos uma gargalhada ao redor de uma instituição, ela se desmoronaria, feita em pedaços. Isso era dantes. Que diremos da recente proibição, ordenada por Berlusconi, de que o filme *W.* de Oliver Stone seja ali exibido? Já lá chegaram os poderes de *il Cavaliere*? Como é possível ter-se cometido semelhante arbitrariedade, ainda por cima sabendo nós que, por mais gargalhadas que déssemos ao redor dos quirinais, eles não cairiam? É justa a nossa indignação, embora devamos fazer um esforço para compreender a complexidade do coração humano. *W.* é um filme que ataca a Bush, e Berlusconi, homem de coração como o pode ser um chefe mafioso, é amigo, colega, compincha do ainda presidente dos Estados Unidos. Estão bem um para o outro. O que não estará nada bem é que o povo italiano venha a chegar uma quarta vez às pousadeiras de Berlusconi a cadeira do poder. Não haverá, então, gargalhada que nos salve.

Dia 20

AO CEMITÉRIO DE PULIANAS

Um dia, há talvez sete ou oito anos, procurou-nos, a Pilar e a mim, um leonês chamado Emilio Silva, pedindo apoio para a empresa a que se propunha meter ombros, a de encontrar o que ainda restasse do seu avô, assassinado pelos franquistas no princípio da guerra civil. Pedia-nos apoio moral, nada mais. Sua avó havia manifestado o desejo de que os ossos do avô fossem recuperados e recebessem digna sepultura. Mais que como um desejo de uma anciã inconformada, Emilio Silva tomou essas palavras como uma ordem que seria seu dever cumprir, acontecesse o que acontecesse. Este foi o primeiro passo de um movimento coletivo que rapidamente se espalhou por toda a Espanha: recuperar das fossas e barrancos, onde haviam sido enterradas, as dezenas de milhares das vítimas do ódio fascista, identificá-las e entregá-las às famílias. Uma tarefa imensa que não encontrou só apoios, basta recordar os contínuos esforços da direita política e sociológica espanhola para travar o que já era uma realidade exaltante e comovedora, erguer da terra escavada e removida os restos daqueles que haviam pago com a vida a fidelidade às suas ideias e à legalidade republicana. Permita-se-me que deixe aqui, como simbólica vénia a quantos se têm dedicado a este trabalho, o nome de Ángel del Río, um cunhado meu que a ele tem dado o melhor do seu tempo, incluindo dois livros de investigação sobre os desaparecidos e os represaliados.

Era inevitável que o resgate dos restos de Federico García Lorca, enterrado como milhares de outros no barranco de Viznar, na província de Granada, se tivesse convertido rapidamente em autêntico imperativo nacional. Um dos maiores poetas de Espanha, o mais universalmente conhecido, está ali, naquele páramo, aliás em um lugar acerca do qual existe praticamente a certeza de ser a fossa onde jaz o autor do *Romancero gitano*, junto com três outros fuzilados, um professor primário chamado Dióscoro Galindo e dois bandarilheiros anarquistas, Joaquín Arcollas Cabezas e Francisco Galadí Melgar. Estranhamente, porém, a família de García Lorca sempre se opôs a que se procedesse à exumação. Os argumentos alegados relacionavam-se, todos eles, em maior ou menor grau, com questões que podemos classificar de decoro social, como a curiosidade malsã dos meios de comunicação social, o espetáculo em que se iria tornar o levantamento das ossadas, razões sem dúvida respeitáveis, mas que, permito-me dizê-lo, perderam hoje peso perante a simplicidade com que a neta de Dióscoro Galindo respondeu quando, em entrevista numa estação de rádio, lhe perguntaram aonde levaria os restos do seu avô, se viessem a ser encontrados: "Ao cemitério de Pulianas". Há que esclarecer que Pulianas, na província de Granada, é a aldeia onde Dióscoro Galindo trabalhava e a sua família continua a morar. Só as páginas dos livros se viram, as da vida, não.

Dia 22

AZNAR, O ORÁCULO

Podemos dormir descansados, o aquecimento global não existe, é um invento malicioso dos ecologistas na linha estratégica da sua "ideologia em deriva totalitária", consoante a definiu o implacável observador da política planetária e dos fenómenos do universo que é José María Aznar. Não saberíamos como viver sem este homem. Não importa que qualquer dia comecem a nascer flores no Ártico, não importa que os glaciares da Patagónia se reduzam de cada vez que alguém suspira fazendo aumentar a temperatura ambiente uma milionésima de grau, não importa que a Gronelândia tenha perdido uma parte importante do seu território, não importa a seca, não importam as inundações que tudo arrasam e tantas vidas levam consigo, não importa a igualização cada vez mais evidente das estações do ano, nada disto importa se o emérito sábio José María vem negar a existência do aquecimento global, baseando-se nas peregrinas páginas de um livro do presidente checo Václav Klaus que o próprio Aznar, em uma bonita atitude de solidariedade científica e institucional, apresentará em breve. Já o estamos a ouvir. No entanto, uma dúvida muito séria nos atormenta e que é altura de expender à consideração do leitor. Onde estará a origem, o manancial, a fonte desta sistemática atitude negacionista? Terá resultado de um ovo dialético deposto por Aznar no útero do Partido Popular quando foi seu amo e senhor? Quando Rajoy, com aquela composta seriedade que o caracteriza, nos informou de que um seu primo catedrático, parece que de física, lhe havia dito que isso do aquecimento climático era uma treta, tão ousada afirmação foi apenas o fruto de uma imaginação celta sobreaquecida que não havia sabido compreender o que lhe estava a ser explicado, ou, para tornar ao ovo dialético, é isso uma doutrina, uma regra, um princípio exarado em letra pequena na cartilha do Partido Popular, caso em que, se Rajoy teria sido somente o repetidor infeliz da palavra do primo catedrático, já o oráculo em que o seu ex--chefe se transformou não quis perder a oportunidade de marcar uma vez mais a pauta ao gentio ignaro?

Não me resta muito mais espaço, mas talvez ainda caiba nele um breve apelo ao senso comum. Sendo certo que o planeta em que vivemos já passou por seis ou sete eras glaciais, não estaremos nós no limiar de outra dessas eras? Não será que a coincidência entre tal possibilidade e as contínuas ações operadas pelo ser humano contra o meio ambiente se parece muito àqueles casos, tão comuns, em que uma doença esconde outra doença? Pensem nisto, por favor. Na próxima era glacial, ou nesta que já está principiando, o gelo cobrirá Paris. Tranquilizemo-nos, não será para amanhã. Mas temos, pelo menos, um dever para hoje: não ajudemos a era glacial que aí vem. E, recordem, Aznar é um mero episódio. Não se assustem.

Dia 23

BIOGRAFIAS

Creio que todas as palavras que vamos pronunciando, todos os movimentos e gestos, concluídos ou somente esboçados, que vamos fazendo, cada um deles e todos juntos, podem ser entendidos como peças soltas de uma autobiografia não intencional que, embora involuntária, ou por isso mesmo, não seria menos sincera e veraz que o mais minucioso dos relatos de uma vida passada à escrita e ao papel. Esta convicção de que tudo quanto dizemos e fazemos ao longo do tempo, mesmo parecendo desprovido de significado e importância, é, e não pode impedir-se de o ser, expressão biográfica, levou-me a sugerir um dia, com mais seriedade do que à primeira vista possa parecer, que todos os seres humanos deveriam deixar relatadas por escrito as suas vidas, e que esses milhares de milhões de volumes, quando começassem a não caber na Terra, seriam levados para a Lua. Isto significaria que a grande, a enorme, a gigantesca, a desmesurada, a imensa biblioteca do existir humano teria de ser dividida, primeiro, em duas partes, e logo, com o decorrer do tempo, em três, em quatro, ou mesmo em nove, na suposição de que nos oito restantes planetas do sistema solar houvesse condições de ambiente tão benévolas que respeitassem a fragilidade do papel. Imagino que os relatos daquelas muitas vidas que, por serem simples e modestas, coubessem em apenas meia dúzia de folhas, ou ainda menos, seriam despachados para Plutão, o mais distante dos filhos do Sol, aonde de certeza raramente quereriam viajar os investigadores.

 Decerto se levantariam problemas e dúvidas na hora de estabelecer e definir os critérios de composição das ditas "bibliotecas". Seria indiscutível, por exemplo, que obras como os diários de Amiel, de Kafka ou de Virginia Woolf, a biografia de Samuel Johnson, a autobiografia de Cellini, as memórias de Casanova ou as confissões de Rousseau, a par de tantas outras de importância humana e literária semelhante, deveriam permanecer no planeta onde haviam sido escritas para que fossem testemunho da passagem por este mundo de homens e mulheres que, pelas boas ou más razões do que tinham vivido, deixaram um sinal, uma presença, uma influência que, tendo perdurado até hoje, continuarão a deixar marcadas as gerações vindouras. Os problemas surgiriam quando sobre a escolha do que deveria ficar ou enviar ao espaço exterior começassem a reflectir-se as inevitáveis valorações subjetivas, os preconceitos, os medos, os rancores antigos ou recentes, os perdões impossíveis, as justificações tardias, tudo o que na vida é assombração, desespero e agonia, enfim, a natureza humana. Creio que, afinal, o melhor será deixar as coisas como estão. Como a maior parte das melhores ideias, também esta minha é impraticável. Paciência.

Dia 24

DIVÓRCIOS E BIBLIOTECAS

Por duas vezes, ou talvez tivessem sido três, apareceram-me na Feira do Livro de Lisboa, em anos passados, outros tantos leitores, os dois ou os três, ajoujados ao peso de dezenas de volumes novos, comprados de fresco, e em geral ainda acondicionados nos sacos de plástico de origem. Ao primeiro que assim se me apresentou fiz-lhe a pergunta que me pareceu mais lógica, isto é, se o seu encontro com o meu trabalho de escritor havia sido para ele coisa recente e, pelos vistos, fulminante. Respondeu-me que não, que me lia desde há muito tempo, mas que se tinha divorciado, e que a ex-esposa, também leitora entusiasta, havia levado para a sua nova vida a biblioteca da família agora desfeita. Ocorreu-me então, e sobre isso escrevi umas linhas nos velhos *Cadernos de Lanzarote*, que seria interessante estudar o assunto do ponto de vista do que nessa altura designei como a importância dos divórcios na multiplicação das bibliotecas. Reconheço que a ideia era algo provocadora, por isso deixei-a em paz, ao menos para não vir a ser acusado de colocar os meus interesses materiais acima da harmonia dos casais. Não sei, nem o imagino, quantas separações conjugais terão dado origem à formação de novas bibliotecas sem prejuízo das antigas. Dois ou três casos, que tantos são os que conheci, não foram suficientes para fazer nascer uma primavera, ou, por palavras mais explícitas, por aí não melhoraram nem os lucros do editor, nem a minha cobrança de direitos de autor.

O que eu francamente não esperava era que a crise económica que nos vem mantendo em estado de alerta contínuo tivesse vindo dificultar ainda mais os divórcios e, portanto, a ambicionada progressão aritmética das bibliotecas, o que, aspeto em que certamente todos estaremos de acordo, significa um autêntico atentado contra a cultura. Que dizer, por exemplo, do problema complexo, e não poucas vezes insolúvel, que é conseguir encontrar hoje comprador para um andar? Se muitos processos de divórcio se encontram estancados, se não avançam nos tribunais, a causa é essa, e não outra. Pior ainda, como deverá proceder-se contra certos comportamentos escandalosos já de domínio público, como é o caso, lamentavelmente frequente e absolutamente imoral, de se continuar a viver na mesma casa, talvez não a dormir na mesma cama, mas a utilizar a mesma biblioteca? Perdeu-se o respeito, perdeu-se o sentido de decoro, eis a desgraçada situação a que chegámos. E não se diga que a culpa é de Wall Street: nas comédias de televisão que eles financiam não se vê um único livro.

Dia 25

PURA APARÊNCIA

Suponho que no princípio dos princípios, antes de havermos inventado a fala, que é, como sabemos, a suprema criadora de incertezas, não nos atormentaria nenhuma dúvida séria sobre quem fôssemos e sobre a nossa relação pessoal e coletiva com o lugar em que nos encontrávamos. O mundo, obviamente, só podia ser o que os nossos olhos viam em cada momento, e também, como informação complementar importante, aquilo que os restantes sentidos — o ouvido, o tato, o olfato, o gosto — conseguissem perceber dele. Nessa hora inicial o mundo foi pura aparência e pura superfície. A matéria era simplesmente áspera ou lisa, amarga ou doce, azeda ou insípida, sonora ou silenciosa, com cheiro ou sem cheiro. Todas as coisas eram o que pareciam ser pela única razão de que não havia qualquer motivo para que parecessem doutra maneira e fossem outra coisa. Naquelas antiquíssimas épocas não nos passava pela cabeça que a matéria fosse "porosa". Hoje, porém, embora sabedores de que, desde o último dos vírus até ao universo, não somos mais do que composições de átomos, e que no interior deles, além da massa que lhes é própria e os define, ainda sobra espaço para o vazio (o compacto absoluto não existe, tudo é penetrável), continuamos, tal como o haviam feito os nossos antepassados das cavernas, a apreender, identificar e reconhecer o mundo segundo a aparência com que de cada vez se nos apresente. Imagino que o espírito filosófico e o espírito científico deverão ter-se manifestado num dia em que alguém teve a intuição de que essa aparência, ao mesmo tempo que imagem exterior captável pela consciência e por ela utilizada como mapa de conhecimentos, podia ser, também, uma ilusão dos sentidos. Se bem que habitualmente mais referida ao mundo moral que ao mundo físico, é conhecida a expressão popular em que aquela veio a plasmar-se: "As aparências iludem". Ou enganam, que vem a dar no mesmo. Não faltariam os exemplos se o espaço desse para tanto.

A este escrevinhador sempre o preocupou o que se esconde por trás das meras aparências, e agora não estou a falar de átomos ou de subpartículas, que, como tal, são sempre aparência de algo que se esconde. Falo, sim, de questões correntes, habituais, quotidianas, como, por exemplo, o sistema político que denominamos democracia, aquele mesmo que Churchill dizia ser o menos mau dos sistemas conhecidos. Não disse o melhor, disse o menos mau. Pelo que vamos vendo, dir-se-á que o consideramos mais que suficiente, e esse, creio, é um erro de perceção que, sem nos apercebermos, vamos pagando todos os dias. Voltarei ao assunto.

Dia 26

A PROVA DO ALGODÃO

Segundo a Carta dos Direitos Humanos, no seu artigo 12 "Ninguém sofrerá intromissões arbitrárias na sua vida, na sua família ou na sua correspondência, nem ataques à sua honra e reputação". E mais: "Contra tais intromissões ou ataques toda a pessoa tem direito à proteção da lei". Assim está escrito. O papel exibe, entre outras, a assinatura do representante dos Estados Unidos, a qual assumiria, por via de consequência, o compromisso dos Estados Unidos no que toca ao cumprimento efetivo das disposições contidas na mesma Carta, porém, para vergonha sua e nossa, essas disposições nada valem, sobretudo quando a mesma lei que deveria proteger, não só não o faz, como homologa com a sua autoridade as maiores arbitrariedades, incluindo aquelas que o dito artigo 12 enumera para condenar. Para os Estados Unidos qualquer pessoa, seja emigrante ou simples turista, indiferentemente da sua atividade profissional, é um delinquente potencial que está obrigado, como em Kafka, a provar a sua inocência sem saber de que o acusam. Honra, dignidade, reputação, são palavras hilariantes para os cães cérberos que guardam as entradas do país. Já conhecíamos isto, já o havíamos experimentado em interrogatórios conduzidos intencionalmente de forma humilhante, já tínhamos sido olhados pelo agente de turno como se fôssemos o mais repugnante dos vermes. Enfim, já estávamos habituados a ser maltratados.

Mas agora surge algo novo, uma volta mais ao parafuso opressor. A Casa Branca, onde se hospeda o homem mais poderoso do planeta, como dizem os jornalistas em crise de inspiração, a Casa Branca, insistimos, autorizou os agentes de polícia das fronteiras a analisar e revisar documentos de qualquer cidadão estrangeiro ou norte-americano, ainda que não existam suspeitas de que essa pessoa tenha intenção de participar num atentado. Tais documentos serão conservados "por um razoável espaço de tempo" numa imensa biblioteca onde se guarda todo o tipo de dados pessoais, desde simples agendas de contactos a correios eletrónicos supostamente confidenciais. Ali se irá guardando também uma quantidade incalculável de cópias de discos duros dos nossos computadores de cada vez que nos apresentarmos para entrar nos Estados Unidos por qualquer das suas fronteiras. Com todos os seus conteúdos: trabalhos de investigação científica, tecnológica, criativa, teses académicas, ou um simples poema de amor. "Ninguém sofrerá intromissões arbitrárias na sua vida privada", diz o pobre do artigo 12. E nós dizemos: veja-se o pouco que vale a assinatura de um presidente da maior democracia do mundo.

Aqui está. Praticámos sobre os Estados Unidos a infalível prova do algodão, e eis o que verificámos: não se limitam a estar sujos, estão sujíssimos.

Dia 29

CLARO COMO ÁGUA

Como sempre sucedeu, e há de suceder sempre, a questão central de qualquer tipo de organização social humana, da qual todas as outras decorrem e para a qual todas acabam por concorrer, é a questão do poder, e o problema teórico e prático com que nos enfrentamos é identificar quem o detém, averiguar como chegou a ele, verificar o uso que dele faz, os meios de que se serve e os fins a que aponta. Se a democracia fosse, de facto, o que com autêntica ou fingida ingenuidade continuamos a dizer que é, o governo do povo pelo povo e para o povo, qualquer debate sobre a questão do poder perderia muito do seu sentido, uma vez que, residindo o poder no povo, era ao povo que competiria a administração dele, e, sendo o povo a administrar o poder, está claro que só o deveria fazer para seu próprio bem e para sua própria felicidade, pois a isso o estaria obrigando aquilo a que chamo, sem nenhuma pretensão de rigor conceptual, a lei da conservação da vida. Ora, só um espírito perverso, panglossiano até ao cinismo, ousaria apregoar a felicidade de um mundo que, pelo contrário, ninguém deveria pretender que o aceitemos tal qual é, só pelo facto de ser, supostamente, o melhor dos mundos possíveis. É a própria e concreta situação do mundo chamado democrático, que se é verdade serem os povos governados, verdade é também que não o são por si mesmos nem para si mesmos. Não é em democracia que vivemos, mas sim numa plutocracia que deixou de ser local e próxima para tornar-se universal e inacessível.

Por definição, o poder democrático terá de ser sempre provisório e conjuntural, dependerá da estabilidade do voto, da flutuação das ideologias ou dos interesses de classe, e, como tal, pode ser entendido como um barómetro orgânico que vai registando as variações da vontade política da sociedade. Mas, ontem como hoje, e hoje com uma amplitude cada vez maior, abundam os casos de mudanças políticas aparentemente radicais que tiveram como efeito radicais mudanças de governo, mas a que não se seguiram as mudanças económicas, culturais e sociais radicais que o resultado do sufrágio havia prometido. Dizer hoje governo "socialista", ou "social-democrata", ou "conservador", ou "liberal", e chamar-lhe poder, é pretender nomear algo que em realidade não está onde parece, mas em um outro inalcançável lugar — o do poder económico e financeiro cujos contornos podemos perceber em filigrana, mas que invariavelmente se nos escapa quando tentamos chegar-lhe mais perto e inevitavelmente contra-ataca se tivermos a veleidade de querer reduzir ou regular o seu domínio, subordinando-o ao interesse geral. Por outras e mais claras palavras, digo que os povos não elegeram os seus governos para que eles os "levassem" ao Mercado, mas que é o Mercado que condiciona por todos os modos os governos para que lhe "levem" os povos. E se falo assim do Mercado é porque é ele, hoje, e mais que nunca em cada dia que passa, o instrumento por excelência do autêntico, único e insofismável poder, o poder económico e financeiro mundial, esse que não é democrático porque não o elegeu o povo, que não é democrático porque não é regido pelo povo, que finalmente não é democrático porque não visa a felicidade do povo.

O nosso antepassado das cavernas diria: "É água". Nós, um pouco mais sábios, avisamos: "Sim, mas está contaminada".

Dia 30

ESPERANÇAS E UTOPIAS

Sobre as virtudes da esperança tem-se escrito muito e parolado muito mais. Tal como sucedeu e continuará a suceder com as utopias, a esperança foi sempre, ao longo dos tempos, uma espécie de paraíso sonhado dos céticos. E não só dos céticos. Crentes fervorosos, dos de missa e comunhão, desses que estão convencidos de que levam por cima das suas cabeças a mão compassiva de Deus a defendê-los da chuva e do calor, não se esquecem de lhe rogar que cumpra nesta vida ao menos uma pequena parte das bem-aventuranças que prometeu para a outra. Por isso, quem não está satisfeito com o que lhe coube na desigual distribuição dos bens do planeta, sobretudo os materiais, agarra-se à esperança de que o diabo nem sempre estará atrás da porta e de que a riqueza lhe entrará um dia, antes cedo que tarde, pela janela dentro. Quem tudo perdeu, mas teve a sorte de conservar ao menos a triste vida, considera que lhe assiste o humaníssimo direito de esperar que o dia de amanhã não seja tão desgraçado como o está sendo o dia de hoje. Supondo, claro, que haja justiça neste mundo. Ora, se nestes lugares e nestes tempos existisse algo que merecesse semelhante nome, não a miragem do costume com que se iludem os olhos e a mente, mas uma realidade que se pudesse tocar com as mãos, é evidente que não precisaríamos de andar todos os dias com a esperança ao colo, a embalá-la, ou embalados nós ao colo dela. A simples justiça (não a dos tribunais, mas a daquele fundamental respeito que deveria presidir às relações entre os humanos) se encarregaria de pôr todas as coisas nos seus justos lugares. Dantes, ao pobre de pedir a quem se tinha acabado de negar a esmola, acrescentava-se hipocritamente que "tivesse paciência". Penso que, na prática, aconselhar alguém a que tenha esperança não é muito diferente de aconselhá-lo a ter paciência. É muito comum ouvir-se dizer da boca de políticos recém-instalados que a impaciência é contrarrevolucionária. Talvez seja, talvez, mas eu inclino-me a pensar que, pelo contrário, muitas revoluções se perderam por demasiada paciência. Obviamente, nada tenho de pessoal contra a esperança, mas prefiro a impaciência. Já é tempo de que ela se note no mundo para que alguma coisa aprendam aqueles que preferem que nos alimentemos de esperanças. Ou de utopias.

OUTUBRO DE 2008

Dia 1

ONDE ESTÁ A ESQUERDA?

 Vai para três ou quatro anos, numa entrevista a um jornal sul-americano, creio que argentino, saiu-me na sucessão das perguntas e respostas uma declaração que depois imaginei iria causar agitação, debate, escândalo (a este ponto chegava a minha ingenuidade), começando pelas hostes locais da esquerda e logo, quem sabe, como uma onda que em círculos se expandisse, nos meios internacionais, fossem eles políticos, sindicais ou culturais que da dita esquerda são tributários. Em toda a sua crueza, não recuando perante a própria obscenidade, a frase, pontualmente reproduzida pelo jornal, foi a seguinte: "A esquerda não tem nem uma puta ideia do mundo em que vive". À minha intenção, deliberadamente provocadora, a esquerda, assim interpelada, respondeu com o mais gélido dos silêncios. Nenhum partido comunista, por exemplo, a principiar por aquele de que sou membro, saiu à estacada para rebater ou simplesmente argumentar sobre a propriedade ou a falta de propriedade das palavras que proferi. Por maioria de razão, também nenhum dos partidos socialistas que se encontram no governo dos seus respetivos países, penso, sobretudo, nos de Portugal e Espanha, considerou necessário exigir uma aclaração ao atrevido escritor que tinha ousado lançar uma pedra ao putrefacto charco da indiferença. Nada de nada, silêncio total, como se nos túmulos ideológicos onde se refugiaram nada mais houvesse que pó e aranhas, quando muito um osso arcaico que já nem para relíquia servia. Durante alguns dias senti-me excluído da sociedade humana como se fosse um pestífero, vítima de uma espécie de cirrose mental que já não dissesse coisa com coisa. Cheguei até a pensar que a frase compassiva que andaria circulando entre os que assim calavam seria mais ou menos esta: "Coitado, que se poderia esperar com aquela idade?". Estava claro que não me achavam opinante à altura.

O tempo foi passando, passando, a situação do mundo complicando-se cada vez mais, e a esquerda, impávida, continuava a desempenhar os papéis que, no poder ou na oposição, lhe haviam sido distribuídos. Eu, que entretanto tinha feito outra descoberta, a de que Marx nunca havia tido tanta razão como hoje, imaginei, quando há um ano rebentou a burla cancerosa das hipotecas nos Estados Unidos, que a esquerda, onde quer que estivesse, se ainda era viva, iria abrir enfim a boca para dizer o que pensava do caso. Já tenho a explicação: a esquerda não pensa, não age, não arrisca um passo. Passou-se o que se passou depois, até hoje, e a esquerda, cobardemente, continua a não pensar, a não agir, a não arriscar um passo. Por isso não se estranhe a insolente pergunta do título: "Onde está a esquerda?". Não dou alvíssaras, já paguei demasiado caras as minhas ilusões.

Dia 2

INIMIGOS EM CASA

Que a família está em crise ninguém se atreverá a negá-lo, por muito que a Igreja Católica tente disfarçar o desastre sob a capa de uma retórica melíflua que já nem a ela própria engana, que muitos dos denominados valores tradicionais de convivência familiar e social se foram pelo cano abaixo arrastando consigo até aqueles que deveriam ter sido defendidos dos contínuos ataques desferidos pela sociedade altamente conflitiva em que vivemos, que a escola moderna, continuadora da escola velha, aquela que, durante sucessivas gerações, foi tacitamente encarregada, à falta de melhor, de suprir as falhas educacionais dos agregados familiares, está paralisada, acumulando contradições, erros, desorientada entre métodos pedagógicos que em realidade não o são, e que, demasiadas vezes, não passam de modas passageiras ou de experimentos voluntaristas condenados ao fracasso pela própria ausência de madurez intelectual e pela dificuldade de formular e responder à pergunta, essencial em minha opinião: que cidadão estamos a querer formar? O panorama não é agradável à vista. Singularmente, os nossos mais ou menos dignos governantes não parecem preocupar-se com estes problemas tanto quanto deveriam, talvez porque pensam que, sendo os ditos problemas universais, a solução, quando vier a ser encontrada, será automática, para toda a gente.

Não estou de acordo. Vivemos numa sociedade que parece ter feito da violência um sistema de relações. A manifestação de uma agressividade que é inerente à espécie que somos, e que em tempos pensámos, pela educação, haver controlado, irrompeu brutalmente das profundidades nos últimos vinte anos em todo o espaço social, estimulada por modalidades de ócio que viraram as costas ao já simples hedonismo para se transformarem em agentes condicionadores da própria mentalidade do consumidor: a televisão, em primeiro lugar, onde imitações de sangue, cada vez mais perfeitas, saltam em jorros a todas as horas do dia e da noite, os videojogos que são como manuais de instruções para alcançar a perfeita intolerância e a perfeita crueldade, e, porque tudo isto está ligado, as avalanchas de publicidade de serviços eróticos a que os jornais, incluindo os mais bem-pensantes, dão as boas-vindas, enquanto nas páginas sérias (são-no algumas?) abundam hipocritamente em lições de boa conduta à sociedade. Que estou a exagerar? Expliquem-me então como foi que chegámos à situação de muitos pais terem medo dos filhos, desses gentis adolescentes, esperanças do amanhã, em quem um "não" do pai ou da mãe, cansados de exigências irracionais, instantaneamente desencadeia uma fúria de insultos, de vexames, de agressões. Físicas, para que não fiquem dúvidas. Muitos pais têm os seus piores inimigos em casa: são os seus próprios filhos. Ingenuamente, Ruben Darío escreveu aquilo da "juventud, divino tesoro". Não o escreveria hoje.

Dia 6

SOBRE FERNANDO PESSOA

Era um homem que sabia idiomas e fazia versos. Ganhou o pão e o vinho pondo palavras no lugar de palavras, fez versos como os versos se fazem, como se fosse a primeira vez. Começou por se chamar Fernando, pessoa como toda a gente. Um dia lembrou-se de anunciar o aparecimento iminente de um super--Camões, um camões muito maior que o antigo, mas, sendo uma pessoa conhecidamente discreta, que soía andar pelos Douradores de gabardina clara, gravata de lacinho e chapéu sem plumas, não disse que o super-Camões era ele próprio. Afinal, um super--Camões não vai além de ser um camões maior, e ele estava de reserva para ser Fernando Pessoas, fenómeno nunca visto antes em Portugal. Naturalmente, a sua vida era feita de dias, e dos dias sabemos nós que são iguais mas não se repetem, por isso não surpreende que em um desses, ao passar Fernando diante de um espelho, nele tivesse percebido, de relance, outra pessoa. Pensou que havia sido mais uma ilusão de óptica, das que sempre estão a acontecer sem que lhes prestemos atenção, ou que o último copo de aguardente lhe assentara mal no fígado e na cabeça, mas, à cautela, deu um passo atrás para confirmar se, como é voz corrente, os espelhos não se enganam quando mostram. Pelo menos este tinha-se enganado: havia um homem a olhar de dentro do espelho, e esse homem não era Fernando Pessoa. Era até um pouco mais baixo, tinha a cara a puxar para o moreno, toda ela rapada. Com um movimento inconsciente, Fernando levou a mão ao lábio superior, depois respirou fundo com infantil alívio, o bigode estava lá. Muita coisa se pode esperar de figuras que apareçam nos espelhos, menos que falem. E porque estes, Fernando e a imagem que não era a sua, não iriam ficar ali eternamente a olhar-se, Fernando Pessoa disse: "Chamo-me Ricardo Reis". O outro sorriu, assentiu com a cabeça e desapareceu. Durante um momento, o espelho ficou vazio, nu, mas logo a seguir outra imagem surgiu, a de um homem magro, pálido, com aspeto de quem não vai ter muita vida para viver. A Fernando pareceu-lhe que este deveria ter sido o primeiro, porém não fez qualquer comentário, só disse: "Chamo-me Alberto Caeiro". O outro não sorriu, acenou apenas, frouxamente, concordando, e foi-se embora. Fernando Pessoa deixou-se ficar à espera, sempre tinha ouvido dizer que não há duas sem três. A terceira figura tardou uns segundos, era um homem daqueles que exibem saúde para dar e vender, com o ar inconfundível de engenheiro diplomado em Inglaterra. Fernando disse: "Chamo-me Álvaro de Campos", mas desta vez não esperou que a imagem desaparecesse do espelho, afastou-se ele, provavelmente tinha-se cansado de ter sido tantos em tão pouco tempo. Nessa noite, madrugada alta, Fernando Pessoa acordou a pensar se o tal Álvaro de Campos teria ficado no espelho. Levantou-se, e o que estava lá era a sua própria cara. Disse então: "Chamo-me Bernardo Soares", e voltou para a cama. Foi depois destes nomes e alguns mais que Fernando achou que era hora de ser também ele ridículo e escreveu as cartas de amor mais ridículas do mundo. Quando já ia muito adiantado nos trabalhos de tradução e poesia, morreu. Os amigos diziam-lhe que tinha um grande futuro na sua frente, mas ele não deve ter acreditado, tanto assim que decidiu morrer injustamente na flor da idade, aos 47 anos, imagine-se. Um momento antes de acabar pediu que lhe dessem os óculos: "Dá-me os óculos", foram as suas últimas e formais palavras. Até hoje nunca ninguém se interessou por saber para que os queria ele, assim se vêm ignorando ou desprezando as últimas vontades dos moribundos, mas parece bastante plausível que a sua intenção fosse olhar-se num espelho para saber quem finalmente lá estava. Não lhe deu tempo a parca. Aliás, nem espelho havia no quarto. Este Fernando Pessoa nunca chegou a ter verdadeiramente a certeza de quem era, mas por causa dessa dúvida é que nós vamos conseguindo saber um pouco mais quem somos.

Dia 7

O OUTRO LADO

Como serão as coisas quando não estamos a olhar para elas? Esta pergunta, que cada dia me vem parecendo menos disparatada, fi-la eu muitas vezes em criança, mas só a fazia a mim próprio, não a pais nem professores porque adivinhava que eles sorririam da minha ingenuidade (ou da minha estupidez, segundo alguma opinião mais radical) e me dariam a única resposta que nunca me poderia convencer: "As coisas, quando olhamos para elas, são iguais ao que parecem quando não estamos a olhar". Sempre achei que as coisas, quando estavam sozinhas, eram outras coisas. Mais tarde, quando já havia entrado naquele período da adolescência que se caracteriza pela desdenhosa presunção com que julga a infância donde proveio, acreditei ter a resposta definitiva à inquietação metafísica que atormentara os meus tenros anos: pensei que se regulasse uma máquina fotográfica de modo a que ela disparasse automaticamente numa habitação em que não houvesse quaisquer presenças humanas, conseguiria apanhar as coisas desprevenidas, e desta maneira ficar a conhecer o aspeto real que têm. Esqueci-me de que as coisas são mais espertas do que parecem e não se deixam enganar com essa facilidade: elas sabem muito bem que no interior de cada máquina fotográfica há um olho humano escondido... Além disso, ainda que o aparelho, por astúcia, tivesse podido captar a imagem frontal de uma coisa, sempre o outro lado dela ficaria fora do alcance do sistema óptico, mecânico, químico ou digital do registo fotográfico. Aquele lado oculto para onde, no derradeiro instante, ironicamente, a coisa fotografada teria feito passar a sua face secreta, essa irmã gémea da escuridão. Quando numa habitação imersa em total obscuridade acendemos uma luz, a escuridão desaparece. Então não é raro perguntarmo-nos: "Para onde foi ela?". E a resposta só pode ser uma: "Não foi para nenhum lugar, a escuridão é simplesmente o outro lado da luz, a sua face secreta". Foi pena que não mo tivessem dito antes, quando eu era criança. Hoje saberia tudo sobre a escuridão e a luz, sobre a luz e a escuridão.

Dia 8

VOLTANDO À VACA-FRIA

Aprendemos das lições da vida que de pouco nos poderá servir uma democracia política, por mais equilibrada que pareça apresentar-se nas suas estruturas internas e no seu funcionamento institucional, se não tiver sido constituída como raiz de uma efetiva e concreta democracia económica e de uma não menos concreta e efetiva democracia cultural. Dizê-lo nos dias de hoje há de parecer um exausto lugar-comum de certas inquietações ideológicas do passado, mas seria fechar os olhos à simples verdade histórica não reconhecer que aquela trindade democrática — política, económica, cultural —, cada uma delas complementar e potenciadora das outras, representou, no tempo da sua prosperidade como ideia de futuro, uma das mais apaixonantes bandeiras cívicas que alguma vez, na história recente, foram capazes de despertar consciências, mobilizar vontades, comover corações. Hoje, desprezadas e atiradas para o lixo das fórmulas que o uso cansou e desnaturou, a ideia de democracia económica deu lugar a um mercado obscenamente triunfante, finalmente a braços com uma gravíssima crise na sua vertente financeira, ao passo que a ideia de democracia cultural acabou por ser substituída por uma alienante massificação industrial das culturas. Não progredimos, retrocedemos. E cada vez se irá tornando mais absurdo falar de democracia se teimarmos no equívoco de a identificar unicamente com as suas expressões quantitativas e mecânicas que se chamam partidos, parlamentos e governos, sem atender ao seu conteúdo real e à utilização distorcida e abusiva que na maioria dos casos se vem fazendo do voto que os justificou e colocou no lugar que ocupam.

Não se conclua do que acabo de dizer que estou contra a existência de partidos: eu próprio sou membro de um deles. Não se pense que aborreço parlamentos e deputados: querê-los-ia, a uns e a outros, em tudo melhores, mais ativos e responsáveis. E tão-pouco se creia que sou o providencial criador de uma receita mágica que permitiria aos povos, doravante, viver sem ter de suportar maus governos e perder tempo com eleições que raramente resolvem os problemas: apenas me recuso a admitir que só seja possível governar e desejar ser governado conforme os modelos supostamente democráticos em uso, a meu ver pervertidos e incoerentes, que nem sempre de boa-fé certa espécie de políticos andam a querer tornar universais, com promessas falsas de desenvolvimento social que mal conseguem dissimular as egoístas e implacáveis ambições que as movem. Alimentamos os erros na nossa própria casa, mas comportamo-nos como se fôssemos os inventores de uma panaceia universal capaz de curar todos os males do corpo e do espírito dos seis mil milhões de habitantes do planeta. Dez gotas da nossa democracia três vezes ao dia e sereis felizes para todo o sempre. Em verdade, o único verdadeiro pecado mortal é a hipocrisia.

Dia 9

DEUS E RATZINGER

Que pensará Deus de Ratzinger? Que pensará Deus da Igreja Católica Apostólica Romana de que este Ratzinger é soberano papa? Que eu saiba (e escusado será dizer que sei bastante pouco), até hoje ninguém se atreveu a formular estas heréticas perguntas, talvez por saber-se, de antemão, que não há nem haverá nunca resposta para elas. Como escrevi em horas de vã interrogação metafísica, há uns bons quinze anos, Deus é o silêncio do universo e o homem o grito que dá sentido a esse silêncio. Está nos *Cadernos de Lanzarote* e tem sido frequentemente citado por teólogos do país vizinho que tiveram a bondade de me ler. Claro que para que Deus pense alguma coisa de Ratzinger ou da igreja que o papa anda a querer salvar de uma morte mais do que previsível, seja por inanição seja por não encontrar ouvidos que a escutem nem fé que lhe reforce os alicerces, será necessário demonstrar a existência do dito Deus, tarefa entre todas impossível, não obstante as supostas provas arquitetadas por Santo Anselmo ou aquele exemplo de Santo Agostinho, de esvaziar os oceanos com um balde furado ou mesmo sem furo nenhum. Do que Deus, caso exista, deve estar agradecido a Ratzinger é pela preocupação que este tem manifestado nos últimos tempos sobre o delicado estado da fé católica. A gente não vai à missa, deixou de acreditar nos dogmas e cumprir preceitos que para os seus antepassados, na maior parte dos casos, constituíram a base da própria vida espiritual, senão também da vida material, como sucedeu, por exemplo, com muitos dos banqueiros dos primórdios do capitalismo, severos calvinistas, e, tanto quanto é possível supor, de uma honestidade pessoal e profissional à prova de qualquer tentação demoníaca em forma de *subprime*. O leitor estará talvez a pensar que esta súbita inflexão no transcendente assunto que me havia proposto abordar, o sínodo episcopal reunido em Roma, se destinaria, afinal, a introduzir, com mais ou menos jeito dialético, uma crítica ao comportamento irregular (é o mínimo que se pode dizer) dos banqueiros nossos contemporâneos. Não foi essa a minha intenção nem essa é a minha competência, se alguma tenho.

Voltemos então a Ratzinger. A este homem, decerto inteligente e informado, com uma vida ativíssima nos âmbitos vaticanais e adjacentes (baste dizer que foi prefeito da Congregação para a Doutrina da Fé, continuadora, por outros métodos, do ominoso Tribunal do Santo Ofício, mais conhecido por Inquisição), ocorreu-lhe algo que não se esperaria de alguém com a sua responsabilidade, cuja fé devemos respeitar, mas não a expressão do seu pensamento medieval. Escandalizado com os laicismos, frustrado pelo abandono dos fiéis, abriu a boca na missa com que iniciou o sínodo para soltar enormidades como esta: "Se olhamos a História, vemo-nos obrigados a admitir que não são únicos este distanciamento e esta rebelião dos cristãos incoerentes. Em consequência disso, Deus, embora não faltando nunca à sua promessa de salvação, teve de recorrer amiúde ao castigo". Na minha aldeia dizia-se que Deus castiga sem pau nem pedra, por isso é de temer que venha por aí outro dilúvio que afogue de uma vez os ateus, os agnósticos, os laicos em geral e outros fautores de desordem espiritual. A não ser, sendo os desígnios de Deus infinitos e ignotos, que o atual presidente dos Estados Unidos já tenha sido parte do castigo que nos está reservado. Tudo é possível se o quer Deus. Com a imprescindível condição de que exista, claro está. Se não existe (pelo menos nunca falou com Ratzinger), então tudo isto são histórias que já não assustam ninguém. Que Deus é eterno, dizem, e tem tempo para tudo. Eterno será, admitamo-lo para não contrariar o papa, mas a sua eternidade é só a de um eterno não-ser.

Dia 13

EDUARDO LOURENÇO

Sou devedor contumaz de Eduardo Lourenço desde 1991, precisamente há dezassete anos. Trata-se de uma dívida um tanto singular porque, sendo natural que ele, como lesado, não a tivesse esquecido, já é menos habitual que eu, o lesante, ao contrário do que com frequência sucede em casos semelhantes, nunca a tenha negado. Porém, se é certo que jamais me fingi distraído da falta, há que dizer que ele também não consentiu que eu me deixasse enganar pelos seus silêncios táticos, que de vez em quando interrompia para perguntar: "Então essas fotografias?". A minha resposta era sempre a mesma: "Ó diabo, tenho tido muito trabalho, mas o pior de tudo é que ainda não pude mandar fazer as cópias". E ele, tão invariável como eu: "As fotografias são seis, tu ficas com três e dás-me as restantes", "Isso nunca, era o que faltava, tens direito a todas", respondia eu, hipocritamente magnânimo. Ora, é tempo de explicar que fotografias eram estas. Estávamos, ele e eu, em Bruxelas, na Europália, e andávamos por ali como quaisquer outros curiosos, de sala em sala, comentando as belezas e as riquezas expostas, e connosco ia o Augusto Cabrita, de máquina em riste, à procura do instantâneo imortal. Que pensou haver encontrado num momento em que Eduardo Lourenço e eu nos havíamos detido de costas para uma tapeçaria barroca sobre um tema desses históricos ou míticos, não sei bem. "Aí", ordenou Cabrita com aquele ar feroz que têm os fotógrafos em situações de alto risco, como imagino que eles as consideram. Ainda hoje estou sem saber que diabinho me levou a não tomar a sério a solenidade do momento. Comecei por compor a gravata do Eduardo, depois inventei que os óculos dele não estavam bem ajustados e dediquei-me a pô-los no seu sítio, de onde nunca haviam saído. Começámos a rir-nos como dois garotos, ele e eu, enquanto o Augusto Cabrita aproveitava, com sucessivos disparos, a ocasião que lhe tinha sido oferecida de bandeja. Esta é a história das fotografias. Dias depois o Augusto Cabrita, que morreria passados dois anos, mandou-me as imagens tomadas, crendo, decerto, que elas ficariam em boas mãos. Boas eram, ou não de todo más, mas, como já deixei explicado, pouco diligentes.

Tempos depois deu-me para escrever o romance *Todos os nomes*, o qual, conforme pensei então e continuo a pensar hoje, não poderia ter melhor apresentador que o Eduardo. Assim lho fiz saber, e ele, bom rapaz, acedeu imediatamente. Chegou o dia, a sala maior do Hotel Altis a rebentar pelas costuras, e do Eduardo Lourenço nem novas nem mandadas. A preocupação respirava-se no ar carregado, algo deveria ter sucedido. Além disso, como toda a gente sabe, o grande ensaísta tem fama de despistado, podia ter-se equivocado de hotel. Tão despistado, tão despistado que, quando finalmente apareceu, anunciou, com a voz mais tranquila do mundo, que tinha perdido o discurso. Ouviu-se um "Ah" geral de consternação, que eu, por obra dos meus maus instintos, não acompanhei. Uma suspeita atroz me havia assaltado o espírito, a de que o Eduardo Lourenço decidira aproveitar a ocasião para se vingar do episódio das fotografias. Enganado estava. Com papéis ou sem eles, o homem foi brilhante como sempre. Pegava nas ideias, sopesava-as com o falso ar de quem estava a pensar noutra coisa, a umas deixava-as de lado para um segundo exame, a outras dispunha-as num tabuleiro invisível esperando que elas próprias encontrassem as conexões que as potenciariam, entre si e com alguma da segunda escolha, mais valiosa afinal do que havia parecido. O resultado final, se a imagem é permitida, foi um bloco de ouro puro.

A minha dívida tinha aumentado, ultrapassara em tamanho o buraco de ozono. E os anos foram passando. Até que, há sempre um até que para nos pôr finalmente no bom caminho, como se o tempo, depois de muito esperar, tivesse perdido a paciência. Neste caso foi a leitura recente de um ensaio de Eduardo Lourenço, "Do imemorial ou a dança do tempo", na revista *Portuguese Literary & Cultural Studies* 7 da Universidade de Massachusetts Dartmouth. Resumir essa extraordinária peça seria ofensivo. Limitar-me-ei a deixar constância de que as famosas cópias já se encontram finalmente em meu poder e de que o Eduardo em poucos dias as receberá. Com a maior amizade e a mais profunda admiração.

Dia 14

JORGE AMADO

Durante muitos anos Jorge Amado quis e soube ser a voz, o sentido e a alegria do Brasil. Poucas vezes um escritor terá conseguido tornar-se, tanto como ele, o espelho e o retrato de um povo inteiro. Uma parte importante do mundo leitor estrangeiro começou a conhecer o Brasil quando começou a ler Jorge Amado. E para muita gente foi uma surpresa descobrir nos livros de Jorge Amado, com a mais transparente das evidências, a complexa heterogeneidade, não só racial, mas cultural, da sociedade brasileira. A generalizada e estereotipada visão de que o Brasil seria reduzível à soma mecânica das populações brancas, negras, mulatas e índias, perspetiva essa que, em todo o caso, já vinha sendo progressivamente corrigida, ainda que de maneira desigual, pelas dinâmicas do desenvolvimento nos múltiplos setores e atividades sociais do país, recebeu, com a obra de Jorge Amado, o mais solene e ao mesmo tempo aprazível desmentido. Não ignorávamos a emigração portuguesa histórica nem, em diferente escala e em épocas diferentes, a alemã e a italiana, mas foi Jorge Amado quem veio pôr-nos diante dos olhos o pouco que sabíamos sobre a matéria. O leque étnico que refrescava a terra brasileira era muito mais rico e diversificado do que as perceções europeias, sempre contaminadas pelos hábitos seletivos do colonialismo, pretendiam dar a entender: afinal, havia também que contar com a multidão de turcos, sírios, libaneses e *tutti quanti* que, a partir do século XIX e durante o século XX, praticamente até aos tempos atuais, tinham deixado os seus países de origem para entregar-se, em corpo e alma, às seduções, mas também aos perigos, do eldorado brasileiro. E também para que Jorge Amado lhes abrisse de par em par as portas dos seus livros.

Tomo como exemplo do que venho dizendo um pequeno e delicioso livro cujo título, *A descoberta da América pelos turcos*, é capaz de mobilizar de imediato a atenção do mais apático dos leitores. Aí se vai contar, em princípio, a história de dois turcos, que não eram turcos, diz Jorge Amado, mas árabes, Raduan Murad e Jamil Bichara, que decidiram emigrar para a América à conquista de dinheiro e mulheres. Não tardou muito, porém, que a história, que parecia prometer unidade, se subdividisse em outras histórias em que entram dezenas de personagens, homens violentos, putanheiros e beberrões, mulheres tão sedentas de sexo como de felicidade doméstica, tudo isto no quadro distrital de Itabuna (Bahia), onde Jorge Amado (coincidência?) precisamente veio a nascer. Esta picaresca terra brasileira não é menos violenta que a ibérica. Estamos em terra de jagunços, de roças de cacau que eram minas de ouro, de brigas resolvidas a golpes de facão, de coronéis que exercem sem lei um poder que ninguém é capaz de compreender como foi que lhes chegou, de prostíbulos onde as prostitutas são disputadas como as mais puras das esposas. Esta gente não pensa mais que em fornicar, acumular dinheiro, amantes e bebedeiras. São carne para o Juízo Final, para a condenação eterna. E contudo... E, contudo, ao longo desta história turbulenta e de mau conselho, respira-se (perante o desconcerto do leitor) uma espécie de inocência, tão natural como o vento que sopra ou a água que corre, tão espontânea como a erva que nasceu depois da chuvada. Prodígio da arte de narrar, *A descoberta da América pelos turcos*, não obstante a sua brevidade quase esquemática e a sua aparente singeleza, merece ocupar um lugar ao lado dos grandes murais romanescos, como *Jubiabá*, a *Tenda dos milagres* ou *Terras do sem-fim*. Diz-se que pelo dedo se conhece o gigante. Aí está, pois, o dedo do gigante, o dedo de Jorge Amado.

Dia 15

CARLOS FUENTES

Carlos Fuentes, criador da expressão "território de La Mancha", uma fórmula feliz que passou a exprimir a diversidade e a complexidade das vivências existenciais e culturais que unem a Península Ibérica e a América do Sul, acaba de receber em Toledo o Prémio D. Quixote. O que se segue é a minha homenagem ao escritor, ao homem, ao amigo.

O primeiro livro de Carlos Fuentes que li foi *Aura*. Embora não tenha voltado a ele, guardei até hoje (mais de quarenta anos passaram) a impressão de haver penetrado num mundo diferente de tudo o que conhecera até então, uma atmosfera composta de objetividade realista e de misteriosa magia, em que estes contrários, afinal mais aparentes que efetivos, se fundiam para criar no espírito do leitor uma envolvência em todos os aspetos singular. Não foram muitos os casos em que o encontro de um livro tenha deixado na minha memória uma tão intensa e perene lembrança. Não era um tempo em que as literaturas americanas (às do Sul me refiro) gozassem de um especial favor do público ilustrado. Fascinados desde gerações pelas *lumières* francesas, hoje empalidecidas, observávamos com certa displicência (a fingida displicência da ignorância que sofre por ter de reconhecer-se como tal) o que se ia fazendo para baixo do rio Grande e que, para agravar a situação, embora pudesse viajar com relativo à-vontade a Espanha, mal se detinha em Portugal. Havia lacunas, livros que simplesmente não apareciam nas livrarias, e também a confrangedora falta de uma crítica competente que nos ajudasse a encontrar, no pouco que ia sendo posto ao nosso alcance, o muito de excelente que aquelas literaturas, lutando em muitos casos com dificuldades semelhantes, iam tenazmente elaborando. No fundo, talvez houvesse uma outra explicação: os livros viajavam pouco, mas nós ainda viajávamos menos.

A minha primeira viagem ao México foi para participar, em Morelia, num congresso sobre a crónica. Não tive então tempo para visitar livrarias, mas já começara a frequentar com assiduidade a obra de Carlos Fuentes através, por exemplo, da leitura de livros fundamentais, como foram os casos de *La región más transparente* e *La muerte de Artemio Cruz*. Tornou-se-me claro que estava ali um escritor de altíssima categoria artística e de uma incomum riqueza conceptual.

Mais tarde, um outro romance extraordinário, *Terranostra*, rasgou-me novas perspetivas, e daí em diante, sem que seja necessário referir aqui outros títulos (salvo *El espejo enterrado*, livro de fundo, indispensável a um conhecimento sensível e consciente da América do Sul, como sempre preferi chamar-lhe), reconheci-me, definitivamente, como devoto admirador do autor de *Gringo viejo*. Conhecia já o escritor, faltava-me conhecer o homem.

Agora, uma confissão. Não sou pessoa facilmente intimidável, muito pelo contrário, mas os meus primeiros contactos com Carlos Fuentes, em todo o caso sempre cordiais, como era lógico esperar de duas pessoas bem-educadas, não foram fáceis, não por culpa dele, mas por uma espécie de resistência minha em aceitar com naturalidade o que em Carlos Fuentes era naturalíssimo, isto é, a sua forma de vestir. Todos sabemos que Fuentes veste bem, com elegância e bom gosto, a camisa sem uma ruga, as calças de vinco perfeito, mas, por ignotas razões, eu pensava que um escritor, especialmente se pertencia àquela parte do mundo, não deveria vestir assim. Engano meu. Afinal, Carlos Fuentes tornou compatível a maior exigência crítica, o maior rigor ético, que são os seus, com uma gravata bem escolhida. Não é pequena cousa, creiam-me.

Dia 16

FEDERICO MAYOR ZARAGOZA

Começa a Feira do Livro de Frankfurt: reunidas ali, as grandes indústrias do mundo do livro anunciam maus tempos para este objeto, de que tanto vivemos no passado e a que tanto ainda continuaremos a dever. Dizia que estão ali os grandes editores, mas há um número sem fim de pequenas editoras que não podem viajar, que não dispõem dos escaparates das outras e que, sem embargo, estão dificultando que se cumpra o prazo fatal de dez anos para que se acabe o livro em papel e se imponha o digital. Como será o futuro? Não sei. Enquanto não chega esse dia, que para os habitantes da Galáxia Gutenberg será duro, deixo aqui uma breve homenagem às pequenas editoras, a Ânfora, de Espanha, por exemplo, que publica por estes dias um livro do meu amigo Federico Mayor Zaragoza, esse homem que quis que a Unesco fosse algo mais que uma sigla ou um lugar de prestígio, isto é, um foro de solução de problemas, usando a cultura e a educação como ingredientes fundamentais, únicos. Prologuei o livro de Mayor Zaragoza chamado *En pie de paz*, um voto mais que um título, e hoje trago-o aqui a este blog como modesta parcela a juntar a essa cifra de quantos se esforçam por melhorar a vida das pessoas. Das anónimas pessoas que são a carne do planeta.

EN PIE DE PAZ

Federico Mayor Zaragoza traduz em poemas as dores da sua consciência. Não é, obviamente, o único poeta a proceder assim, mas a diferença, a meu ver fundamental, está no facto de eles, esses poemas, praticamente sem exceção, constituírem um apelo à consciência do mundo, por uma vez sem as ilusões de um certo otimismo quase sistemático que parecia ser o seu. Falar de consciência do mundo poderia ser facilmente entendido como mais uma vaguidade a juntar àquelas que nos últimos tempos têm vindo a infetar o discurso ideológico de alguns setores do chamado pensamento de esquerda. Não é esse o caso. Federico Mayor Zaragoza conhece a humanidade e o mundo como poucos, não é um volúvel turista das ideias, desses que dedicam o melhor da sua atenção a saber de que lado sopra o vento e, logo, a acertar os rumos sempre que o considerem conveniente. Quando afirmo que Federico Mayor apela nos seus poemas à consciência do mundo, isso quer dizer que é às pessoas, a todas e a cada uma, que se dirige, à gente que anda por aí, perplexa, desorientada, aturdida, no meio de mensagens intencionalmente contraditórias, procurando não respirar uma atmosfera em que a mentira organizada passou a competir com o simples oxigénio e o simples azoto.

Alguns dirão que a poesia de Federico Mayor Zaragoza se vem alimentando do inesgotável baú das boas intenções. Pessoalmente, não estou de acordo. Federico Mayor alimenta-se, sim, poética e vitalmente, de outro baú, esse que guarda o tesouro da sua inesgotável e extraordinária bondade. Os seus poemas, mais elaborados do que aparentam na sua simplicidade formal, são a expressão de uma personalidade exemplar que não se desligou da massa vivente, que a ela pertence pelo sentimento e pela razão, esses dois atributos humanos que em Federico atingem um nível superior. Devemos a este homem, a este poeta, a este cidadão, muito mais do que imaginamos.

Dia 17

Entre todas as coisas improváveis do mundo, ocupa um dos primeiros lugares a hipótese de que o cardeal Rouco Varela venha a ler este blog. Em todo o caso, uma vez que a Igreja Católica continua a afirmar que os milagres existem, a ela e a eles me confio para que, sob os olhos do ilustre, instruído e simpático purpurado, caiam um dia as linhas que se seguem. Há muitos mais problemas que o laicismo, considerado por sua eminência responsável do nazismo e do comunismo, e é precisamente de um deles que se fala aqui. Leia, senhor cardeal, leia. Ponha o seu espírito a fazer ginástica.

DEUS COMO PROBLEMA

Não tenho dúvidas de que este arrazoado, logo a começar pelo título, irá obrar o prodígio de pôr de acordo, ao menos por esta vez, os dois irredutíveis irmãos inimigos que se chamam islamismo e cristianismo, particularmente na vertente universal (isto é, católica) a que o primeiro aspira e em que o segundo, ilusoriamente, ainda continua a imaginar-se. Na mais benévola das hipóteses de reação possíveis, clamarão os bem-pensantes que se trata de uma provocação inadmissível, de uma indesculpável ofensa ao sentimento religioso dos crentes de ambos os partidos, e, na pior delas (supondo que pior não haja), acusar-me-ão de impiedade, de sacrilégio, de blasfémia, de profanação, de desacato, de quantos outros delitos mais, de calibre idêntico, sejam capazes de descobrir, e portanto, quem sabe, merecedor de um castigo que me sirva de escarmento para o resto da vida. Se eu próprio pertencesse ao grémio cristão, o catolicismo vaticano teria de interromper os espetáculos estilo Cecil B. DeMille em que agora se compraz para dar-se ao trabalho de me excomungar, porém, cumprida essa obrigação disciplinária, veria caírem-se-lhe os braços. Já lhe escasseiam as forças para proezas mais atrevidas, uma vez que os rios de lágrimas choradas pelas suas vítimas empaparam, esperemos que para sempre, a lenha dos arsenais tecnológicos da primeira inquisição. Quanto ao islamismo, na sua moderna versão fundamentalista e violenta (tão violenta e fundamentalista como foi o catolicismo na sua versão imperial), a palavra de ordem por excelência, todos os dias insanamente proclamada, é "morte aos infiéis", ou, em tradução livre, se não crês em Alá, não passas de imunda barata que, não obstante ser também ela uma criatura nascida do *Fiat* divino, qualquer muçulmano cultivador dos métodos expeditivos terá o sagrado direito e o sacrossanto dever de esmagar sob o chinelo com que entrará no paraíso de Maomé para ser recebido no voluptuoso seio das huris. Permita-se-me portanto que torne a dizer que Deus, sendo desde sempre *um problema, é, agora, o problema*.

Como qualquer outra pessoa a quem a lastimável situação do mundo em que vive não é de todo indiferente, tenho lido alguma coisa do que se tem escrito por aí sobre os motivos de natureza política, económica, social, psicológica, estratégica, e até moral, em que se presume terem ganho raízes os movimentos islamistas agressivos que estão lançando sobre o denominado mundo ocidental (mas não só ele) a desorientação, o medo, o mais extremo terror. Foram suficientes, aqui e além, umas quantas bombas de relativa baixa potência (recordemos que quase sempre foram transportadas em mochila ao lugar dos atentados) para que os alicerces da nossa tão luminosa civilização estremecessem e abrissem fendas, e ruíssem aparatosamente as afinal precárias estruturas da segurança coletiva com tanto trabalho e despesa levantadas e mantidas. Os nossos pés, que críamos fundidos no mais resistente dos aços, eram, afinal, de barro.

É o choque das civilizações, dir-se-á. Será, mas a mim não me parece. Os mais de sete mil milhões de habitantes deste planeta, todos eles, vivem no que seria mais exato chamarmos a civilização mundial do petróleo, e a tal ponto que nem sequer estão fora dela (vivendo, claro está, a sua falta) aqueles que se encontram privados do precioso "ouro negro". Esta civilização do petróleo cria e satisfaz (de maneira desigual, já sabemos) múltiplas necessidades que não só reúnem ao redor do mesmo poço os gregos e os troianos da citação clássica mas também os árabes e os não árabes, os cristãos e os muçulmanos, sem falar naqueles que, não sendo uma coisa nem outra, têm, onde quer que se encontrem, um automóvel para conduzir, uma escavadora para pôr a trabalhar, um isqueiro para acender. Evidentemente, isto não significa que por baixo dessa civilização a todos comum não sejam discerníveis os rasgos (mais do que simples rasgos em certos casos) de civilizações e culturas antigas que agora se encontram imersas em um processo tecnológico de ocidentalização a marchas forçadas, o qual, não obstante, só com muita dificuldade tem logrado penetrar no miolo substancial das mentalidades pessoais e coletivas correspondentes. Por alguma razão se diz que o hábito não faz o monge...

Uma aliança de civilizações poderá representar, no caso de vir a concretizar-se, um passo importante no caminho da diminuição das tensões mundiais de que cada vez parecemos estar mais longe, porém, seria de todos os pontos de vista insuficiente, ou mesmo totalmente inoperante, se não incluísse, como item fundamental, um diálogo inter-religiões, já que neste caso está excluída qualquer remota possibilidade de uma aliança... Como não há motivos para temer que chineses, japoneses e indianos, por exemplo, estejam a preparar planos de conquista do mundo, difundindo as suas diversas crenças (confucionismo, budismo, taoismo, hinduísmo) por via pacífica ou violenta, é mais do que óbvio que quando se fala de aliança das civilizações se está a pensar, especialmente, em cristãos e muçulmanos, esses irmãos inimigos que vêm alternando, ao longo da história, ora um, ora outro, os seus trágicos e pelos vistos intermináveis papéis de verdugo e de vítima.

Portanto, quer se queira, quer não, Deus como problema, Deus como pedra no meio do caminho, Deus como pretexto para o ódio, Deus como agente de desunião. Mas desta evidência palmar não se ousa falar em nenhuma das múltiplas análises da questão, sejam elas de tipo político, económico, sociológico, psicológico ou utilitariamente estratégico. É como se uma espécie de temor reverencial ou a resignação ao "politicamente correto e estabelecido" impedissem o analista de perceber algo que está presente nas malhas da rede e as converte num entramado labiríntico de que não tem havido maneira de sairmos, isto é, Deus. Se eu dissesse a um cristão ou a um muçulmano que no universo há mais de 400 000 milhões de galáxias e que cada uma delas contém mais de 400 000 milhões de estrelas, e que Deus, seja ele Alá ou o outro, *não poderia ter feito isto*, melhor ainda, *não teria nenhum motivo para fazê-lo*, responder-me-iam indignados que a Deus, seja ele Alá ou o outro, nada é impossível. Exceto, pelos vistos, diria eu, fazer a paz entre o islão e o cristianismo, e, de caminho, conciliar a mais desgraçada das espécies animais que se diz terem nascido da sua vontade (e à sua semelhança), a espécie humana, precisamente.

Não há amor nem justiça no universo físico. Tão-pouco há crueldade. Nenhum poder preside aos 400 000 milhões de galáxias e aos 400 000 milhões de estrelas existentes em cada uma. Ninguém faz nascer o Sol cada dia e a Lua cada noite, mesmo que não seja visível no céu. Postos aqui sem sabermos porquê nem para quê, tivemos de inventar tudo. Também inventámos Deus, mas esse não saiu das nossas cabeças, ficou lá dentro como fator de vida algumas vezes, como instrumento de morte quase sempre. Podemos dizer "Aqui está o arado que inventámos", não podemos dizer "Aqui está o Deus que inventou o homem que inventou o arado". A esse Deus não podemos arrancá-lo de dentro das nossas cabeças, não o podem fazer nem mesmo os próprios ateus, entre os quais me incluo. Mas ao menos discutamo-lo. Já nada adianta dizer que matar em nome de Deus é fazer de Deus um assassino. Para os que matam em nome de Deus, Deus não é só o juiz que os absolverá, é o Pai poderoso que dentro das suas cabeças juntou antes a lenha para o auto de fé e agora prepara e ordena colocar a bomba. Discutamos essa invenção, resolvamos esse problema, reconheçamos ao menos que ele existe. Antes que nos tornemos todos loucos. E daí, quem sabe? Talvez fosse a maneira de não continuarmos a matar-nos uns aos outros.

Dia 20

Pensava escrever no blog sobre a crise económica que nos lançaram para cima quando tive que me dedicar a cumprir um compromisso com outros meios de comunicação. Deixo aqui o que penso e que já foi publicado em Espanha, no jornal Público, *e em Portugal, no semanário* Expresso.

CRIME (FINANCEIRO) CONTRA A HUMANIDADE

A história é conhecida, e, nos antigos tempos de uma escola que a si mesma se proclamava como perfeita educadora, era ensinada aos meninos como exemplo da modéstia e da discrição que sempre deverão acompanhar-nos quando nos sintamos tentados pelo demónio a ter opinião sobre aquilo que não conhecemos ou conhecemos pouco e mal. Apeles podia consentir que o sapateiro lhe apontasse um erro no calçado da figura que havia pintado, porquanto os sapatos eram o ofício dele, mas nunca que se atrevesse a dar parecer sobre, por exemplo, a anatomia do joelho. Em suma, um lugar para cada coisa e cada coisa no seu lugar. À primeira vista, Apeles tinha razão, o mestre era ele, o pintor era ele, a autoridade era ele, quanto ao sapateiro, seria chamado na altura própria, quando se tratasse de deitar meias solas num par de botas. Realmente, aonde iríamos nós parar se qualquer pessoa, até mesmo a mais ignorante de tudo, se permitisse opinar sobre aquilo que não sabe? Se não fez os estudos necessários, é preferível que se cale e deixe aos sabedores a responsabilidade de tomar as decisões mais convenientes (para quem?).

Sim, à primeira vista, Apeles tinha razão, mas só à primeira vista. O pintor de Filipe e de Alexandre da Macedónia, considerado um génio na sua época, esqueceu-se de um aspeto importante da questão: o sapateiro tem joelhos, portanto, por definição, é competente nestas articulações, ainda que seja unicamente para se queixar, sendo esse o caso, das dores que nelas sente. A estas alturas, o leitor atento já terá percebido que não é propriamente de Apeles nem de sapateiro que se trata nestas linhas. Trata-se, isso sim, da gravíssima crise económica e financeira que está a convulsionar o mundo, a ponto de não escaparmos à angustiosa sensação de que chegámos ao fim de uma época sem que se consiga vislumbrar qual e como seja o que virá a seguir, após um tempo intermédio, impossível de prever, para levantar as ruínas e abrir novos caminhos. Como assim? Uma lenda antiga para explicar os desastres de hoje? Por que não? O sapateiro somos nós, nós todos que assistimos, impotentes, ao avanço esmagador dos grandes potentados económicos e financeiros, loucos por conquistarem mais e mais dinheiro, mais e mais poder, por todos os meios legais ou ilegais ao seu alcance, limpos ou sujos, correntes ou criminosos. E Apeles? Apeles são esses precisamente, os banqueiros, os políticos, os seguradores, os grandes especuladores, que, com a cumplicidade dos meios de comunicação social, responderam nos últimos trinta anos aos nossos tímidos protestos com a soberba de quem se considerava detentor da última sabedoria, isto é, que ainda que o joelho nos doesse não nos seria permitido falar dele, denunciá-lo, apontá-lo à condenação pública. Foi o tempo do império absoluto do Mercado, essa entidade presuntivamente autorreformável e autocorretora encarregada pelo imutável destino de preparar e defender para todo o sempre a nossa felicidade pessoal e coletiva, ainda que a realidade se encarregasse de o desmentir a cada hora.

E agora? Irão finalmente acabar os paraísos fiscais e as contas numeradas? Irá ser implacavelmente investigada a origem de gigantescos depósitos bancários, de engenharias financeiras claramente delituosas, de investimentos opacos que, em muitíssimos casos, não são mais que maciças lavagens de dinheiro negro, de dinheiro do narcotráfico? E já que falamos de delitos... Terão os cidadãos comuns a satisfação de ver julgar e condenar os responsáveis diretos do terramoto que está sacudindo as nossas casas, a vida das nossas famílias, o nosso trabalho? Quem resolve o problema dos desempregados (não os contei, mas não duvido de que já sejam milhões) vítimas do crash e que desempregados irão continuar a ser durante meses ou anos, malvivendo de míseros subsídios do Estado enquanto os grandes executivos e administradores de empresas deliberadamente levadas à falência gozam de milhões e milhões de dólares a coberto de contratos blindados que as autoridades fiscais, pagas com o dinheiro dos contribuintes, fingiram ignorar? E a cumplicidade ativa dos governos, quem a apura? Bush, esse produto maligno da natureza numa das suas piores horas, dirá que o seu plano salvou (salvará?) a economia norte-americana, mas as perguntas a que terá de responder são estas: Não sabia o que se passava nas luxuosas salas de reunião em que até o cinema já nos fez entrar, e não só entrar, como assistir à tomada de decisões criminosas sancionadas por todos os códigos penais do mundo? Para que lhe serviram a CIA e o FBI, mais as dezenas de outros organismos de segurança nacional que proliferam na mal chamada democracia norte-americana, essa onde um viajante, à entrada do país, terá de entregar ao polícia de turno o seu computador para que ele faça copiar o respetivo disco duro? Não percebeu o senhor Bush que tinha o inimigo em casa, ou, pelo contrário, sabia e não lhe importou?

O que está a passar-se é, em todos os aspetos, um crime contra a humanidade e é desta perspetiva que deveria ser objeto de análise em todos os foros públicos e em todas as consciências. Não estou a exagerar. Crimes contra a humanidade não são somente os genocídios, os etnocídios, os campos de morte, as torturas, os assassínios seletivos, as fomes deliberadamente provocadas, as poluições maciças, as humilhações como método repressivo da identidade das vítimas. Crime contra a humanidade é o que os poderes financeiros e económicos dos Estados Unidos, com a cumplicidade efetiva ou tácita do seu governo, friamente perpetraram contra milhões de pessoas em todo o mundo, ameaçadas de perder o dinheiro que ainda lhes resta e depois de, em muitíssimos casos (não duvido de que eles sejam milhões), haverem perdido a sua única e quantas vezes escassa fonte de rendimento, o trabalho.

Os criminosos são conhecidos, têm nomes e apelidos, deslocam-se em limusinas quando vão jogar golf, e tão seguros de si mesmos que nem sequer pensaram em esconder-se. São fáceis de apanhar. Quem se atreve a levar este gang aos tribunais? Ainda que não o consiga, todos lhe ficaremos agradecidos. Será sinal de que nem tudo está perdido para as pessoas honestas.

Dia 21
CONSTITUIÇÕES E REALIDADES

A Constituição Portuguesa entrou em vigor em 25 de abril de 1976, dois anos depois da Revolução e ao fim de um agitado período de lutas partidárias e de movimentos sociais. Desde então passou por sete revisões, tendo sido a última delas já em 2005. Em muitos dos artigos que a compõem, uma constituição política é uma declaração de intenções. Que não se rasguem as vestes os constitucionalistas. Dizê-lo não significa uma minimização da importância desses documentos, em paralelo neste particular com a Declaração dos Direitos Humanos, em vigor (melhor diríamos em latência) desde 1948. Como sabemos, as revisões constitucionais são uma espécie de acertos de marcha, de ajustamentos à realidade social, quando não resultaram, simplesmente, da vontade política de uma maioria parlamentar que permitiu promover ou impor as suas opções. De outro ponto de vista, talvez por superstição, talvez por inércia, não é raro que se mantenham nas constituições, pelo menos em algumas delas, vestígios "fósseis" de disposições que perderam, no todo ou em parte, o seu sentido original. Só assim se explica que no preâmbulo da Constituição Portuguesa se mantenha, intocável, ou como uma concessão puramente retórica, a expressão "abrir caminho para o socialismo". Num mundo dominado pelo mais cruel liberalismo económico e financeiro alguma vez imaginado, aquela referência, último eco de mil aspirações populares, arrisca a fazer sorrir. Um sorriso com lágrimas, digamos. As constituições estão aí e é à luz delas, penso eu, que deveria ser julgada a gestão dos nossos governos. A lei da selva que imperou nos últimos trinta anos não teria chegado às consequências que estão à vista se os governos, todos eles, houvessem feito das constituições dos seus países um vademecum de uso diurno e noturno, uma cartilha do bom cidadão. Talvez o tremendo choque que o mundo está sofrendo possa levar-nos a fazer das nossas constituições algo mais que a simples declaração de intenções que ainda são em muitos dos seus aspectos. Oxalá.

Dia 22

CHICO BUARQUE DE HOLANDA

Haverá universos paralelos? Perante as variadas "provas" apresentadas ao tribunal da opinião pública pelos autores que se dedicam à ficção científica, não é difícil acreditar que sim, ou, pelo menos, estar de acordo em conceder à temerária hipótese aquilo que não se nega a ninguém, isto é, o benefício da dúvida. Ora, supondo que realmente existam esses tais universos paralelos, será lógico e creio que inevitável ter de admitir igualmente a existência de literaturas paralelas, de escritores paralelos, de livros paralelos. Um espírito sarcástico não deixaria de recordar-nos que não se necessita ir tão longe para encontrar escritores paralelos, mais conhecidos por plagiários, os quais, no entanto, nunca chegam a ser plagiários de todo porque alguma coisa da lavra própria se sentem na obrigação de pôr na obra que assinarão com o seu nome. Plagiário absoluto foi aquele Pierre Menard que, no dizer de Borges, copiou o *Quixote* palavra por palavra, e mesmo assim o mesmo Borges nos advertiu que escrever o termo justiça no século XX não significa a mesma coisa (nem é a mesma justiça) que tê-la escrito no século XVII... Outro tipo de escritor paralelo (também chamado *nègre* ou, mais modernamente, *ghost*) é aquele que escreve para que outros gozem a suposta ou autêntica glória de ver o seu nome escrito na capa de um livro. Disto trata, aparentemente, o romance — *Budapeste* — de Chico Buarque de Holanda, e se digo "aparentemente" é porque o escritor "fantasma" cujas grotescas aventuras vamos acompanhando divertidos, se bem que ao mesmo tempo apiedados, é tão-somente a causa inconsciente de um processo de repetições sucessivas que, se não chegam a ser de universos nem de literaturas, sem dúvida o serão, inquietantemente, de autores e de livros. O mais desassossegador, porém, é a sensação de vertigem contínua que se apoderará do leitor, que em cada momento saberá onde estava, mas que em cada momento não sabe onde está. Sem parecer pretendê-lo, cada página do romance expressa uma interpelação "filosófica" e uma provocação "ontológica": que é, afinal, a realidade? O que e quem sou eu, afinal, nisso que me ensinaram a chamar realidade? Um livro existe, deixará de existir, existirá outra vez. Uma pessoa escreveu, outra assinou, se o livro desapareceu, também desapareceram ambas? E se desapareceram, desapareceram de todo, ou em parte? Se alguém sobreviveu, sobreviveu neste, ou noutro universo? Quem serei eu, se tendo sobrevivido, não sou já quem era? Chico Buarque ousou muito, escreveu cruzando um abismo sobre um arame, e chegou ao outro lado. Ao lado onde se encontram os trabalhos executados com mestria, a da linguagem, a da construção narrativa, a do simples fazer. Não creio enganar-me dizendo que algo novo aconteceu no Brasil com este livro.

Dia 23

TÊM ALMA OS VERDUGOS?

Nestes últimos dias abriu o tiro ao alvo contra o juiz Garzón. Mesmo aqueles que o defendem argumentam que tem uma personalidade controversa, como se todos tivéssemos a obrigação de ser iguais ao semelhante mais próximo... O caso é que Garzón, com os seus autos singulares, é o juiz que mais alegrias tem proporcionado àqueles que, apesar de tudo, esperam muito da justiça ou, melhor dito, dos encarregados de administrá-la. Garzón, na sequência de queixas que lhe apresentaram, interveio num assunto que é maior que ele e que todas as instituições judiciais juntas: a guerra civil espanhola, a ilegalidade do franquismo, a dignidade dos que defenderam a República e um modo de viver a vida. Ele sabe que talvez tenha de abandonar o campo, mas as portas já estão abertas para que se reconheçam verdades, junto a identificações, e inclusive, por fim, enterros. A transição espanhola, uma época vivida sobre o possível, não é uma carta de corso: a esquerda cedeu porque os militares e o franquismo social estavam apontando, mas não se rendeu, não disse "esta palavra é definitiva", simplesmente esperou que chegasse o dia de contar os seus mortos e chamar as coisas pelo seu nome. Garzón ajudou com a sua posição, e nunca alegria maior foi sentida pelas vítimas daquela guerra, pelos que conseguiram sobreviver até hoje.

O juiz Garzón não é um sectário. Entende que nada humano lhe é alheio e entra nos assuntos que considera delitivos e porque para isso tem autoridade. Também se pergunta se os verdugos têm alma, sinal mais do que suficiente para compreender que analisa desde as duas margens. Há uns meses pediu-me um prólogo para um trabalho que havia realizado com o jornalista Vicente Romero. Era, repito, uma investigação sobre o comportamento dos verdugos. Recomendo vivamente a leitura deste livro — *El alma de los verdugos*, ed. RBA — e, enquanto não o têm nas vossas mãos, deixo-vos estas linhas que, à maneira de prólogo, escrevi para Baltasar Garzón e Vicente Romero.

TÊM ALMA OS VERDUGOS?

Uma alma que fosse possível considerar responsável por todo e qualquer ato cometido teria de levar-nos, forçosamente, a reconhecer a total inocência do corpo, reduzido a ser o instrumento passivo de uma vontade, de um querer, de um desejar não especificamente localizáveis nesse mesmo corpo. A mão, em estado de repouso, com os seus ossos, nervos e tendões, está pronta para cumprir no instante seguinte a ordem que lhe for dada e de que em si mesma não é responsável, seja para oferecer uma flor ou para apagar um cigarro na pele de alguém. Por outro lado, atribuir, a priori, a responsabilidade de todas as nossas ações a uma identidade imaterial, a alma, que, através da consciência, seria, ao mesmo tempo, juiz dessas ações, conduzir-nos-ia a um círculo vicioso em que a sentença final teria de ser a inimputabilidade. Sim, admitamos que a alma é responsável, porém, onde é que está a alma para que possamos pôr-lhe as algemas e levá-la ao tribunal? Sim, está demonstrado que o martelo que destroçou o crânio desta pessoa foi manejado por esta mão, contudo, se a mão que matou fosse a mesma que, tão inconsciente de uma coisa como da outra, tivesse simplesmente oferecido uma flor, como poderíamos incriminá-la? A flor absolve o martelo? Ficou dito acima que a vontade, o querer, o desejar (sinónimos que, apesar de o não serem efetivamente, não podem viver separados), não são especificamente localizáveis no corpo. É certo. Ninguém pode afirmar, por exemplo, que a vontade esteja alojada entre os dedos médio e indicador de uma mão neste momento ocupada a estrangular alguém com a ajuda da sua colega do lado esquerdo. No entanto, todos intuímos que se a vontade tem casa própria, e deverá tê-la, ela só poderá ser o cérebro, esse complexo universo cujo funcionamento, em grande parte (o córtex cerebral tem cerca de cinco milímetros de espessura e contém 70 000 milhões de células nervosas dispostas em seis camadas ligadas entre si), se encontra ainda por estudar. Somos o cérebro que em cada momento tivermos, e esta é a única verdade essencial que podemos enunciar sobre nós próprios. Que é, então, a vontade? É algo material? Não concebo, não o concebe ninguém, com que espécie de argumentos seria defensável uma alegada materialidade da vontade sem a apresentação de uma "amostra material" dessa mesma materialidade...

O voluntarismo, como é geralmente conhecido, é a teoria que sustenta que a vontade é o fundamento do ser, o princípio da ação ou, também, a função essencial da vida animal. No aristotelismo e no estoicismo da Antiguidade clássica observam-se já tendências voluntaristas. Na filosofia contemporânea são voluntaristas Schopenhauer (a vontade como essência do mundo, mais além da representação cognoscitiva) e Nietzsche (a vontade de poder como princípio da vida ascendente). Isto é sério e, por todas as evidências, necessitaria aqui alguém, não quem estas linhas está escrevendo, capaz de relacionar aquelas e outras reflexões filosóficas sobre a vontade com o conteúdo deste livro, cujo título é, não o esqueçamos, *A alma dos verdugos*. Aqui talvez tivesse eu de deter-me se, felizmente para os meus brios, não me tivesse saltado aos olhos, folheando com mão distraída um modesto dicionário, a seguinte definição: "Vontade: Capacidade de determinação para fazer ou não fazer algo. Nela se radica a liberdade". Como se vê, nada mais claro: pela vontade posso determinar-me a fazer ou não fazer algo, pela liberdade sou livre para determinar-me num sentido ou noutro. Habituados como estamos pela linguagem a considerar vontade e liberdade como conceitos em si mesmos positivos, apercebemo-nos de súbito, com um instintivo temor, de que as cintilantes medalhas a que chamamos liberdade e vontade podem exibir do outro lado a sua absoluta e total negação. Foi usando da sua liberdade (por mais chocante que nos pareça a utilização da palavra neste contexto) que o general Videla viria a tornar-se, por vontade própria, insisto, por vontade própria, num dos mais detestáveis protagonistas da sangrenta e pelos vistos infinita história da tortura e do assassinato no mundo. Foi igualmente usando da sua vontade e da sua liberdade que os verdugos argentinos cometeram o seu infame trabalho. Quiseram fazê-lo e fizeram-no. Nenhum perdão é portanto possível. Nenhuma reconciliação nacional ou particular.

Importa pouco saber se têm alma. Aliás, desse assunto deverá estar informado, melhor do que ninguém, o sacerdote católico argentino Christian von Vernich, que há alguns meses foi condenado a prisão perpétua por genocídio. Seis assassinatos, torturas a 34 pessoas e sequestro ilegal em 42 casos, eis a sua folha de serviços. É até possível, permita-se-me a trágica ironia, que tenha alguma vez dado a extrema-unção a uma das suas vítimas...

Dia 24

JOSÉ LUIS SAMPEDRO

Esta tarde ouvi falar de José Luis Sampedro, economista, escritor, e, sobretudo, sábio daquela sabedoria que não é dada pela idade, ainda que esta possa ajudar alguma coisa, mas pela reflexão como forma de vida. Perguntaram-lhe na televisão pela crise de 29, que ele viveu em criança, mas que depois estudou como catedrático. Deu respostas inteligentes que os interessados em compreender o que está ocorrendo encontrarão nos seus livros, tanto escreveu José Luis Sampedro, ou procurando a reportagem na rede, mas uma pergunta que ele próprio fez, não o jornalista, ficou-me gravada na memória. Perguntava-nos o mestre, e também a si mesmo, como se explica que tenha aparecido tão rapidamente o dinheiro para resgatar os bancos e, sem necessidade de qualificativos, se esse dinheiro teria aparecido com a mesma rapidez se tivesse sido solicitado para acudir a uma emergência em África, ou para combater a SIDA... Não era necessário esperar muito para intuir a resposta. À economia, sim, podemos salvá-la, mas não ao ser humano, esse que deveria ter a prioridade absoluta, fosse quem fosse, estivesse onde estivesse. José Luis Sampedro é um grande humanista, um exemplo de lucidez. O mundo, ao contrário do que às vezes se diz, não está deserto de gente merecedora, como ele, de que lhe dêmos o melhor da nossa atenção. E façamos o que ele nos diz: intervir, intervir, intervir.

Dia 27

QUANDO FOR CRESCIDO QUERO SER COMO RITA

Esta Rita a quem quero parecer-me quando for crescido é Rita Levi-Montalcini, ganhadora do prémio Nobel de medicina em 1984 pelas suas investigações sobre o desenvolvimento das células neurológicas. Ora, prémio Nobel é coisa que já tenho, logo não seria por ambição dessa grande ou pequena glória, as opiniões dos entendidos divergem, que estou disposto a deixar de ser quem tenho sido para tornar-me em Rita. De mais a mais estando eu numa idade em que qualquer mudança, mesmo quando prometedora, sempre se nos afigura um sacrifício das rotinas em que, mais ou menos, acabámos por nos acomodar.

E por que quero eu parecer-me a Rita? É simples. No ato do seu investimento como doutora *honoris causa* na aula magna da Universidade Complutense, de Madrid, esta mulher, que em abril completará cem anos, fez umas quantas declarações (pena que não tenhamos conseguido a transcrição completa do seu improvisado discurso) que me deixaram ora assombrado ora agradecido, posto que não é fácil imaginar juntos e unidos estes dois sentimentos extremos. Disse ela: "Nunca pensei em mim mesma. Viver ou morrer é a mesma coisa. Porque, naturalmente, a vida não está neste pequeno corpo. O importante é a maneira como vivemos e a mensagem que deixamos. Isso é o que nos sobrevive. Isso é a imortalidade". E disse mais: "É ridícula a obsessão do envelhecimento. O meu cérebro é melhor agora do que foi quando eu era jovem. É verdade que vejo mal e oiço pior, mas a minha cabeça sempre funcionou bem. O fundamental é manter ativo o cérebro, tentar ajudar os outros e conservar a curiosidade pelo mundo". E estas palavras que me fizeram sentir que havia encontrado uma alma gémea: "Sou contra a reforma ou qualquer outro tipo de subsídio. Vivo sem isso. Em 2001 não cobrava nada e tive problemas económicos até que o presidente Ciampi me nomeou senadora vitalícia".

Nem toda a gente estará de acordo com este radicalismo. Mas aposto que muitos dos que me leem vão também querer ser como Rita quando crescerem. Que assim seja. Se o fizerem tenhamos a certeza de que o mundo mudará logo para melhor. Não é isso o que andamos a dizer que queremos? Rita é o caminho.

Dia 28

FERNANDO MEIRELLES & C.ª

A história da adaptação de *Ensaio sobre a cegueira* ao cinema passou por altos e baixos desde que Fernando Meirelles, aí pelo ano de 1997, perguntou a Luiz Schwarcz, meu editor brasileiro, se eu estaria interessado em ceder os respetivos direitos. Recebeu como resposta uma perentória negativa: não. Entretanto, no escritório da minha agente literária em Bad Homburg, Frankfurt, começaram a chover, e choveram durante anos, cartas, correios eletrónicos, chamadas telefónicas, mensagens de toda a espécie de produtores de outros países, em particular dos Estados Unidos, com a mesma pergunta. A todos mandei dar a resposta conhecida:

não. Soberba minha? Não era questão de soberba, simplesmente não tinha a certeza, nem sequer a esperança, de que o livro fosse tratado com respeito naquelas paragens. E os anos passaram. Um dia, acompanhados pela minha agente, apareceram-me em Lanzarote, vindos diretamente de Toronto, dois canadianos que pretendiam fazer o filme, Niv Fichman, o produtor, e Don McKellar, o guionista. Eram gente nova, nenhum deles me fazia recordar o Cecil B. DeMille, e, depois de uma conversa franca, sem portas falsas nem reservas mentais, entreguei-lhes o trabalho. Faltava saber quem seria o diretor. Outros anos tiveram de passar até ao dia em que me foi perguntado o que pensava eu de Fernando Meirelles. Completamente esquecido do que havia sucedido naquele já longínquo ano de 1997, respondi que pensava bem. Tinha visto e gostado da *Cidade de Deus* e de *O jardineiro fiel*, mas continuava sem associar o nome deste diretor à pessoa do outro...

Finalmente, o resultado de tudo isto já está aqui. Traz o título de *Blindness*, com o qual se espera facilitar a sua relação com o livro no circuito internacional. Não vi qualquer motivo para discutir a escolha. Hoje, em Lisboa, foi a apresentação deste *Ensaio sobre a cegueira* em imagens e sons. A plateia da FNAC estava bem servida de jornalistas que, espero, deem boa conta do recado. Amanhã será a ante-estreia. Conversámos sobre estes episódios já históricos e, em dado momento, Pilar, a mais prática e objetiva de todas as subjetividades que conheço, lançou uma ideia: "No meu entender, o livro antecipou os efeitos da crise que estamos a sofrer. As pessoas, desesperadas, correndo por Wall Street, de banco em banco antes que o dinheiro se acabe, não são outras que as que se movem, cegas, sem rumo, no romance e agora no filme. A diferença é que não têm uma mulher do médico que as guie, que as proteja". Reparando bem, a andaluza é capaz de ter razão.

Dia 29

Há uns dias atrás, várias pessoas de diversos países e diferentes posições políticas, subscrevemos o texto que reproduzo abaixo. É uma chamada de atenção, um protesto, a expressão do alarme que sentimos diante da crise e das possíveis saídas que se afiguram. Não podemos ser cúmplices.

NOVO CAPITALISMO?

Chegou o momento da mudança à escala pública e individual. Chegou o momento da justiça.

A crise financeira aí está de novo destroçando as nossas economias, desferindo duros golpes nas nossas vidas. Na última década, os seus abanões têm sido cada vez mais frequentes e dramáticos. Ásia Oriental, Argentina, Turquia, Brasil, Rússia, a hecatombe da Nova Economia, provam que não se trata de acidentes conjunturais fortuitos que acontecem na superfície da vida económica mas que estão inscritos no próprio coração do sistema. Essas ruturas, que acabaram produzindo uma contração funesta da vida económica atual, com o argumento do desemprego e da generalização da desigualdade, assinalam a quebra do capitalismo financeiro e significam o definitivo ancilosamento da ordem económica mundial em que vivemos. Há, pois, que transformá-lo radicalmente.

Na entrevista com o presidente Bush, Durão Barroso, presidente da Comissão Europeia, declarou que a presente crise deve conduzir a uma "nova ordem económica mundial", o que é aceitável, se esta nova ordem se orientar pelos princípios democráticos — que nunca deveriam ter sido abandonados — da justiça, liberdade, igualdade e solidariedade.

As "leis do mercado" conduziram a uma situação caótica que levou a um "resgate" de milhares de milhões de dólares, de tal modo que, como se referiu acertadamente, "se privatizaram os ganhos e se nacionalizaram as perdas". Encontraram ajuda para os culpados e não para as vítimas. Esta é uma ocasião única para redefinir o sistema económico mundial a favor da justiça social.

Não havia dinheiro para os fundos de combate à SIDA, nem de apoio para a alimentação no mundo… e afinal, num autêntico turbilhão financeiro, acontece que havia fundos para que não se arruinassem aqueles mesmos que, favorecendo excessivamente as bolhas informáticas e imobiliárias, arruinaram o edifício económico mundial da "globalização".

Por isto é totalmente errado que o presidente Sarkozy tenha falado sobre a realização de todos estes esforços a cargo dos contribuintes "para um novo capitalismo"!... e que o presidente Bush, como dele seria de esperar, tenha concordado que deve salvaguardar-se "a liberdade de mercado" (sem que desapareçam os subsídios agrícolas!)...

Não: agora devemos ser resgatados, os cidadãos, favorecendo com rapidez e valentia a transição de uma economia de guerra para uma economia de desenvolvimento global, em que essa vergonha coletiva do investimento de três mil milhões de dólares por dia em armas, ao mesmo tempo que morrem de fome mais de 60 000 pessoas, seja superada. **Uma economia de desenvolvimento que elimine a abusiva exploração dos recursos naturais que tem lugar na atualidade (petróleo, gás, minerais, carvão) e que faça com que se apliquem normas vigiadas por umas Nações Unidas refundadas — que envolvam o Fundo Monetário Internacional, o Banco Mundial "para a reconstrução e desenvolvimento" e a Organização Mundial de Comércio, que não seja um clube privado de nações, mas sim uma instituição da ONU — que disponham dos meios pessoais, humanos e técnicos necessários para exercer a sua autoridade jurídica e ética de forma eficaz.**

Investimento nas energias renováveis, na produção de alimentos (agricultura e aquicultura), na obtenção e condução de água, na saúde, educação, habitação... para que a "nova ordem económica" seja, por fim, democrática e beneficie as pessoas. O engano da globalização e da economia de mercado deve terminar! A sociedade civil já não será um espectador resignado e, se necessário for, utilizará todo o poder de cidadania que hoje, com as modernas tecnologias de comunicação, possui.

Novo capitalismo? Não!

Chegou o momento da mudança à escala pública e individual. Chegou o momento da justiça.

Federico Mayor Zaragoza
Francisco Altemir
José Saramago
Roberto Savio
Mário Soares
José Vidal Beneyto

Dia 30

A PERGUNTA

E eu pergunto aos economistas políticos, aos moralistas, se já calcularam o número de indivíduos que é forçoso condenar à miséria, ao trabalho desproporcionado, à desmoralização, à infâmia, à ignorância crapulosa, à desgraça invencível, à penúria absoluta, para produzir um rico?

Almeida Garrett
(1799-1854)

NOVEMBRO DE 2008

Dia 3

MENTIRA, VERDADE

Na véspera da eleição presidencial nos Estados Unidos, não parece que esta breve observação venha a despropósito. Há tempos, um político português, então com responsabilidades de governo, declarou para quem o quis ouvir que a política é, em primeiro lugar, a arte de não dizer a verdade. O pior foi que depois de tê-lo dito não apareceu, que eu saiba, um só político, desde a esquerda até à direita, que o corrigisse, que não senhor, que a verdade terá de ser o objetivo único e último da política. Pela simples razão que apenas desta maneira poderão salvar-se ambas: a verdade pela política, a política pela verdade.

Dia 4

A GUERRA QUE NÃO CHEGOU A SER

E esta? Em março de 1975, e mais acentuadamente no mês

seguinte, chegaram-nos rumores a Portugal do desagrado do governo espanhol, então presidido por Carlos Arias Navarro, quanto aos caminhos, perigosos em seu entender, que a revolução portuguesa estava tomando. A derrota do golpe militar direitista de 11 de março, de que o general Spínola havia sido inspirador e chefe, teve como imediata consequência o revigoramento das forças políticas de esquerda, incluindo as organizações sindicais. Ao que parece, Arias Navarro entrou em pânico, a tal ponto que, num encontro com o vice-secretário de Estado norte-americano Robert Ingersoll, manifestou a ideia de que Portugal era uma séria ameaça para Espanha, não só pelo desenvolvimento que a situação ali estava tomando mas também pelo apoio exterior que poderia obter e que seria hostil a Espanha. O passo seguinte, segundo Arias Navarro, poderia ser a guerra. Da informação que, ato contínuo, Ingersoll transmitiu ao secretário de Estado Henry Kissinger, consta o seguinte: "Espanha estaria disposta a lançar sozinha o combate anticomunista se necessário. É um país forte e próspero. Não quer pedir ajuda, mas confia em que terá a cooperação e a compreensão dos seus amigos, não só no interesse de Espanha, mas também de todos aqueles que pensam da mesma maneira". Numa outra conversação em 9 de abril com Wells Stabler, embaixador dos Estados Unidos, Arias Navarro disse que "o Exército espanhol conhece os perigos do comunismo pela experiência da Guerra Civil e está totalmente unido".

E esta? Nós, aqui, preocupados em pôr de pé, contra os mil ventos e marés de dentro e os que estavam a ser preparados de fora, um futuro mais digno para Portugal, e os nossos vizinhos, nuestros hermanos, a tramarem com os Estados Unidos uma guerra que provavelmente nos deixaria destruídos e, não duvidemos, malferida a própria Espanha. Depois das conversações que Franco manteve no passado com a Alemanha de Hitler com vista à partilha, pataca a mim, pataca a ti, das colónias portuguesas, pairava agora sobre as nossas cabeças a ameaça explícita de uma invasão à qual talvez só tenha faltado o sim dos Estados Unidos.

Terei de dizer que não foi para isto que escrevi *A jangada de pedra*?

Dia 5

GUANTÁNAMO

No momento em que escrevo estas linhas os colégios eleitorais ainda vão continuar abertos durante mais algumas horas. Só pela madrugada dentro surgirão as primeiras projeções sobre quem será o próximo presidente dos Estados Unidos. No caso altamente indesejável de que viesse a triunfar o general McCain, o que estou a escrever pareceria obra de alguém cujas ideias sobre o mundo em que vive pecassem por um total irrealismo, por um desconhecimento absoluto das malhas com que se tecem os factos políticos e os diversos objetivos estratégicos do planeta. Nunca o general McCain, sendo, ainda por cima, como a propaganda não se cansa de lhe chamar e que um miserável paisano como eu nunca se atreveria a negar, um herói da guerra contra o Vietname, nunca ele ousaria deitar abaixo o campo de concentração e tortura instalado na base militar de Guantánamo e desmontar a própria base até ao último parafuso, deixando o espaço que ocupa entregue a quem é o seu legítimo dono, o povo cubano. Porque, quer se queira, quer não, se é certo que nem sempre o hábito faz o monge, a farda, essa, faz sempre o general. Deitar abaixo, desmontar? Quem é o ingénuo que teve semelhante ideia?

E, contudo, é disso precisamente que se trata. Há poucos minutos uma estação de rádio portuguesa quis saber qual seria a primeira medida de governo que eu proporia a Barack Obama no caso de ele ser, como tantos andamos a sonhar desde há um ano e meio, o novo presidente dos Estados Unidos. Fui rápido na resposta: desmontar a base militar de Guantánamo, mandar regressar os marines, deitar abaixo a vergonha que aquele campo de concentração (e de tortura, não esqueçamos) representa, virar a página e pedir desculpa a Cuba. E, de caminho, acabar com o bloqueio, esse garrote com o qual, inutilmente, se pretendeu vergar a vontade do povo cubano. Pode suceder, e oxalá que assim seja, que o resultado final desta eleição venha a investir a população norte-americana de uma nova dignidade e de um novo respeito, mas eu permito-me recordar aos falsos distraídos que lições da mais autêntica das dignidades, das quais Washington poderia ter aprendido, as andou a dar quotidianamente o povo cubano em quase cinquenta anos de patriótica resistência.

Que não se pode fazer tudo, assim de uma assentada? Sim, talvez não se possa, mas, por favor, senhor presidente, faça ao menos alguma coisa. Ao contrário do que acaso lhe tenham dito nos corredores do senado, aquela ilha é mais que um desenho no mapa. Espero, senhor presidente, que algum dia queira ir a Cuba para conhecer quem lá vive. Finalmente. Garanto-lhe que ninguém lhe fará mal.

Dia 6

106 ANOS

Essa mulher de cento e seis anos, Ann Nixon Cooper, que Obama citou no seu primeiro discurso como presidente eleito dos Estados Unidos, talvez venha a ocupar um lugar na galeria das personagens literárias favoritas dos leitores norte-americanos, ao lado daquela outra que, viajando num autocarro, se recusou a levantar-se para dar o lugar a um branco. Não se tem escrito muito sobre o heroísmo das mulheres. Entre o que Obama nos contou sobre Ann Nixon Cooper não havia atos heroicos, salvo os do viver quotidiano, mas as lições do silêncio podem não ser menos poderosas que as da palavra. Cento e seis anos a ver passar o mundo, com as suas convulsões, os seus logros e os seus fracassos, a falta de piedade ou a alegria de estar vivo, apesar de tudo. Na noite passada essa mulher viu a imagem de um dos seus em mil cartazes e compreendeu, não podia deixar de compreendê-lo, que algo novo estava acontecendo. Ou então guardou simplesmente no coração a imagem repetida, à espera de que a sua alegria recebesse justificação e confirmação. Os velhos têm destas coisas, de repente abandonam os lugares-comuns e avançam contra a corrente, fazendo perguntas impertinentes e mantendo silêncios obstinados que arrefecem a festa. Ann Nixon Cooper sofreu escravidões várias, por negra, por mulher, por pobre. Viveu submetida, as leis teriam mudado no exterior, mas não nos seus diversos medos, porque olhava à sua volta e via mulheres maltratadas, usadas, humilhadas, assassinadas, sempre por homens. Via que cobravam menos que eles pelos mesmos trabalhos, que tinham de assumir responsabilidades domésticas que iam ficar na sombra, apesar de necessárias, via como lhes travavam os passos decididos, e não obstante continuam a caminhar, ou não se levantando num autocarro, contemo-lo uma vez mais, como aquela outra mulher negra, Rosa Banks, que fez história, também.

Cento e seis anos a ver passar o mundo. Talvez o veja bonito, como a minha avó, pouco antes de morrer, velha e formosa, pobre. Talvez a mulher de quem Obama nos falou ontem sentisse a serenidade da alegria perfeita, talvez o saibamos um dia. Entretanto felicitemos o presidente eleito por tê-la tirado da sua casa, por ter-lhe prestado uma homenagem que ela provavelmente não necessitaria, mas nós, sim. À medida que Obama ia falando de Ann Nixon Copper, percebemos que a cada palavra o exemplo nos tornava melhores, mais humanos, à beira de uma fraternidade total. De nós depende fazer durar este sentimento.

Dia 7

PALAVRAS

Felizmente há palavras para tudo. Felizmente que existem algumas que não se esquecerão de recomendar que quem dá deve dar com as duas mãos para que em nenhuma delas fique o que a outras deveria pertencer. Assim como a bondade não tem por que se envergonhar de ser bondade, também a justiça não deverá esquecer-se de que é, acima de tudo, restituição, restituição de direitos. Todos eles, começando pelo direito elementar de viver dignamente. Se a mim me mandassem dispor por ordem de precedência a caridade, a justiça e a bondade, daria o primeiro lugar à bondade, o segundo à justiça e o terceiro à caridade. Porque a bondade, por si só, já dispensa a justiça e a caridade, porque a justiça justa já contém em si caridade suficiente. A caridade é o que resta quando não há bondade nem justiça.

Dia 9

ROSA PARKS

Rosa Parks, não Rosa Banks. Um lamentável desmaio de memória, que não terá sido o primeiro e certamente não vai ser o último, fez-me incorrer num dos piores deslizes que se podem cometer no sempre complexo sistema das relações entre pessoas: dar a alguém um nome que não é o seu. Salvo ao paciente leitor destas despretensiosas linhas, não tenho a quem pedir que me desculpem, mas já basta, para ver-me punido do desacerto, o sentimento de intensa vergonha que de mim se apossou quando, logo depois, me apercebi da gravidade do equívoco. Ainda pensei em deixar correr, mas afastei a tentação, e aqui estou para confessar o erro e prometer que doravante terei o cuidado de verificar tudo, até aquilo de que julgue ter a certeza.

Há males que vêm por bem, diz a sabedoria popular, e talvez seja certo. Tenho assim a oportunidade para voltar a Rosa Parks, aquela costureira de 42 anos que, viajando num autocarro em Montgomery, no estado de Alabama, no dia 1 de dezembro de 1955, se recusou a ceder o seu lugar a uma pessoa de raça branca, como o condutor lhe havia ordenado. Este delito levou-a à prisão sob a acusação de ter perturbado a ordem pública. Há que esclarecer que Rosa Parks ia sentada na parte destinada aos negros, mas, como a secção dos brancos estava completamente ocupada, a pessoa de raça branca quis o seu assento.

Em resposta ao encarceramento de Rosa Parks, um pastor batista relativamente desconhecido nesse tempo, Martin Luther King, dirigiu os protestos contra os autocarros de Montgomery, o que obrigou a autoridade do transporte público a acabar com a prática da segregação racial naqueles veículos. Foi o sinal para desencadear outras manifestações contra a segregação. Em 1956 o caso de Parks chegou finalmente ao Supremo Tribunal dos Estados Unidos, que declarou que a segregação nos transportes era anticonstitucional. Rosa Parks, que já desde 1950 se havia unido à Associação Nacional para o Avanço do Povo de Cor (National Association for the Advancement of Colored People), viu-se convertida em ícone do movimento de direitos civis, para o qual trabalhou durante toda a sua vida. Morreu em 2005. Sem ela, talvez Barack Obama não fosse hoje o presidente dos Estados Unidos.

Dia 10

A referência a Martin Luther King no texto anterior deste blog fez-me recordar uma crónica publicada em 1968 ou 1969 com o título de "Receita para matar um homem". Aqui a deixo outra vez como sentida homenagem a um verdadeiro revolucionário que abriu o caminho que levará ao fim próximo e definitivo da segregação racial nos Estados Unidos.

RECEITA PARA MATAR UM HOMEM

Tomam-se umas dezenas de quilos de carne, ossos e sangue, segundo os padrões adequados. Dispõem-se harmoniosamente em cabeça, tronco e membros, recheiam-se de vísceras e de uma rede de veias e nervos, tendo o cuidado de evitar erros de fabrico que deem pretexto ao aparecimento de fenómenos teratológicos. A cor da pele não tem importância nenhuma.

Ao produto deste trabalho melindroso dá-se o nome de homem. Serve-se quente ou frio, conforme a latitude, a estação do ano, a idade e o temperamento. Quando se pretende lançar protótipos no mercado, infundem-se-lhes algumas qualidades que os vão distinguir do comum: coragem, inteligência, sensibilidade, carácter, amor da justiça, bondade ativa, respeito pelo próximo e pelo distante. Os produtos de segunda escolha terão, em maior ou menor grau, um ou outro destes atributos positivos, a par dos opostos, em geral predominantes. Manda a modéstia não considerar viáveis os produtos integralmente positivos ou negativos. De qualquer modo, sabe-se que também nestes casos a cor da pele não tem importância nenhuma.

O homem, entretanto classificado por um rótulo pessoal que o distinguirá dos seus parceiros, saídos como ele da linha de montagem, é posto a viver num edifício a que se dá, por sua vez, o nome de Sociedade. Ocupará um dos andares desse edifício, mas raramente lhe será consentido subir a escada. Descer é permitido e por vezes facilitado. Nos andares do edifício há muitas moradas, designadas umas vezes por camadas sociais, outras vezes por profissões. A circulação faz-se por canais chamados hábito, costume e preconceito. É perigoso andar contra a corrente dos canais, embora certos homens o façam durante toda a sua vida. Esses homens, em cuja massa carnal estão fundidas as qualidades que roçam a perfeição, ou que por essas qualidades optaram deliberadamente, não se distinguem pela cor da pele. Há-os brancos e negros, amarelos e pardos. São poucos os acobreados por se tratar de uma série quase extinta.

O destino final do homem é, como se sabe desde o princípio do mundo, a morte. A morte, no seu momento preciso, é igual para todos. Não o que a precede imediatamente. Pode-se morrer com simplicidade, como quem adormece; pode-se morrer entre as tenazes de uma dessas doenças de que eufemisticamente se diz que "não perdoam"; pode-se morrer sob a tortura, num campo de concentração; pode-se morrer volatilizado no interior de um sol atómico; pode-se morrer ao volante de um Jaguar ou atropelado por ele; pode-se morrer de fome ou de indigestão; pode-se morrer também de um tiro de espingarda, ao fim da tarde, quando ainda há luz de dia e não se acredita que a morte esteja perto. Mas a cor da pele não tem importância nenhuma.

Martin Luther King era um homem como qualquer um de nós. Tinha as virtudes que sabemos, certamente alguns defeitos que não lhe diminuíam as virtudes. Tinha um trabalho a fazer — e fazia-o. Lutava contra as correntes do costume, do hábito e do preconceito, mergulhado nelas até ao pescoço. Até que veio o tiro de espingarda lembrar aos distraídos que nós somos que a cor da pele tem muita importância.

Dia 11

VELHOS E NOVOS

Dirão alguns que o ceticismo é uma doença da velhice, um achaque dos últimos dias, uma esclerose da vontade. Não ousarei dizer que o diagnóstico seja completamente equivocado, mas direi que seria demasiado cómodo querer escapar às dificuldades por essa porta, como se o estado atual do mundo fosse simplesmente consequência de que os velhos sejam velhos... As esperanças dos jovens nunca conseguiram, até hoje, tornar o mundo melhor, e o sempre renovado azedume dos velhos nunca foi tanto que chegasse para torná-lo pior. Claro que o mundo, pobre dele, não tem culpa dos males de que padece. O que chamamos estado do mundo é o estado da desgraçada humanidade que somos, inevitavelmente composta de velhos que foram novos, de novos que hão de ser velhos, de outros que já não são novos e ainda não são velhos. Culpas? Ouço dizer que todos as temos, que ninguém pode gabar-se de estar inocente, mas parece-me que semelhantes declarações, que aparentemente distribuem justiça por igual, não passam, quando muito, de espúrias recidivas mutantes do chamado pecado original, servem apenas para diluir e ocultar, numa imaginária culpa coletiva, as responsabilidades dos autênticos culpados. Do estado, não do mundo, mas da vida.

Escrevo isto num dia em que chegaram a Espanha e Itália centenas de homens, mulheres e crianças nas frágeis embarcações que costumam utilizar para alcançar os supostos paraísos de uma Europa rica. À ilha de Hierro, nas Canárias, por exemplo, chegou um barco desses, dentro do qual havia uma criança morta, e alguns náufragos declararam que durante a viagem tinham morrido e sido lançados ao mar vinte companheiros de martírio... Que não me falem de ceticismo, por favor.

Dia 12

DOGMAS

Os dogmas mais nocivos nem sequer são os que como tal foram expressamente enunciados, como é o caso dos dogmas religiosos, porque estes apelam à fé, e a fé não sabe nem pode discutir-se a si mesma. O mal é que se tenha transformado em dogma laico o que, por sua própria natureza, nunca aspirou a tal. Marx, por exemplo, não dogmatizou, mas logo não faltaram pseudomarxistas para converter *O capital* em outra bíblia, trocando o pensamento ativo pela glosa estéril ou pela interpretação viciosa. Viu-se o que aconteceu. Um dia, se formos capazes de desfazer-nos dos antigos e férreos moldes, da pele velha que não nos deixou crescer, voltaremos a encontrar-nos com Marx: talvez uma "releitura marxista" do marxismo nos ajude a abrir caminhos mais generosos ao ato de pensar. Que terá que começar por procurar resposta à pergunta fundamental: "Por que penso como penso?". Com outras palavras: "Que é a ideologia?". Parecem perguntas de pouca monta e não creio que haja outras mais importantes...

Dia 13

RCP

As iniciais significam Rádio Clube Português, creio que não deverá haver um português que o ignore. Hoje, dia 13 de novembro, que é quando escrevo estas breves linhas, resolveu o RCP dedicar parte da sua emissão à estreia de *Blindness*, o filme dirigido pelo realizador brasileiro Fernando Meirelles a partir do meu *Ensaio sobre a cegueira*. Pilar, que só produz ideias boas, achou que deveríamos fazer uma visita de cortesia à estação e aos apresentadores da *Janela Aberta*, que assim se chama o programa em causa. Lá fomos a coberto do mais absoluto sigilo e certos de ir causar uma surpresa que não seria desagradável. O que não imaginávamos era que a nossa surpresa poderia ser ainda melhor. Os dois apresentadores estavam cegos, tinham os olhos vendados por um pano preto... Há momentos que logram ser, ao mesmo tempo, emocionantes e prazerosos. Foi o caso deste. Deixo aqui a expressão da minha gratidão e do meu profundo reconhecimento pela prova de amizade que nos deram.

Dia 16

86 ANOS

Dizem-me que as entrevistas valeram a pena. Eu, como de costume, duvido, talvez porque já esteja cansado de me ouvir. O que para outros ainda lhes poderá parecer novidade, tornou-se para mim, com o decorrer do tempo, em caldo requentado. Ou pior, amarga-me a boca a certeza de que umas quantas coisas sensatas que tenha dito durante a vida não terão, no fim de contas, nenhuma importância. E por que haveriam de tê-la? Que significado terá o zumbido das abelhas no interior da colmeia? Serve-lhes para se comunicarem umas com as outras? Ou é um simples efeito da natureza, a mera consequência de estar vivo, sem prévia consciência nem intenção, como uma macieira dá maçãs sem ter que preocupar-se se alguém virá ou não comê-las? E nós? Falamos pela mesma razão que transpiramos? Apenas porque sim? O suor evapora-se, lava-se, desaparece, mais tarde ou mais cedo chegará às nuvens. E as palavras? Aonde vão? Quantas permanecem? Por quanto tempo? E, finalmente, para quê? São perguntas ociosas, bem o sei, próprias de quem cumpre 86 anos. Ou talvez não tão ociosas assim se penso que meu avô Jerónimo, nas suas últimas horas, se foi despedir das árvores que havia plantado, abraçando-as e chorando porque sabia que não voltaria a vê-las. A lição é boa. Abraço-me pois às palavras que escrevi, desejo-lhes longa vida e recomeço a escrita no ponto em que tinha parado. Não há outra resposta.

Dia 18

VIVO, VIVÍSSIMO

Intento ser, à minha maneira, um estoico prático, mas a indiferença como condição de felicidade nunca teve lugar na minha vida, e se é certo que procuro obstinadamente o sossego do espírito, certo é também que não me libertei nem pretendo libertar-me das paixões. Trato de habituar-me sem excessivo dramatismo à ideia de que o corpo não só é finível, como de certo modo é já, em cada momento, finito. Que importância tem isso, porém, se cada gesto, cada palavra, cada emoção são capazes de negar, também em cada momento, essa finitude? Em verdade, sinto-me vivo, vivíssimo, quando, por uma razão ou por outra, tenho de falar da morte...

Dia 19

INUNDAÇÃO

Venho da Casa do Alentejo onde participei numa sessão de solidariedade com a luta do povo palestino pela sua plena soberania contra as arbitrariedades e os crimes de que Israel é responsável. Deixei lá uma sugestão: que a partir de 20 de janeiro, data da tomada de posse de Barack Obama, a Casa Branca seja inundada de mensagens de apoio ao povo palestino e em que se exija uma rápida solução do conflito. Se Barack Obama quer libertar o seu país da infâmia do racismo, faça-o também em Israel. Desde há sessenta anos que o povo palestino vem sendo friamente martirizado com a cumplicidade tácita ou ativa da comunidade internacional. É tempo de acabar com isto.

Dia 20

TODOS OS NOMES

A dedicar exemplares de *A viagem do elefante* na editora durante uma boa parte da manhã. Na sua maioria irão ficar em Portugal como um recado para os amigos e companheiros de ofício dispersos nas lusitanas paragens, mas outros viajarão a terras distantes, como sejam o Brasil, a França, a Itália, a Espanha, a Hungria, a Roménia, a Suécia. Neste último caso, os destinatários foram Amadeu Batel, nosso compatriota e professor de literatura portuguesa na Universidade de Estocolmo, e o poeta e romancista Kjell Espmark, membro da Academia Sueca. Enquanto dedicava o livro para Espmark recordei o que ele nos contou, a Pilar e a mim, sobre os bastidores do prémio que me foi atribuído. O *Ensaio sobre a cegueira*, já então traduzido ao sueco, havia causado boa impressão nos académicos, tão boa que ficou praticamente decidido entre eles que o Nobel desse ano, 1998, seria para mim. Acontece, porém, que no ano anterior tinha publicado outro livro, *Todos os nomes*, o que, obviamente, em princípio, não deveria constituir obstáculo à decisão tomada, a não ser uma pergunta nascida dos escrúpulos dos meus juízes: "E se este novo livro é mau?". Da resposta a dar encarregou-se Kjell Espmark, em quem os colegas depositaram a responsabilidade de proceder à leitura do livro no seu idioma original. Espmark, que tem certa familiaridade com a nossa língua, cumpriu disciplinadamente a missão. Com o auxílio de um dicionário, em pleno mês de agosto, quando mais apeteceria ir navegar entre as ilhas que enxameiam o mar sueco, leu, palavra a palavra, a história do funcionário sr. José e da mulher a quem ele amou sem nunca a ter visto. Passei o exame, afinal o livrinho não ficava nada atrás do *Ensaio sobre a cegueira*. Uf!

Dia 22

NO BRASIL

De viagem para o Brasil, onde nos espera um programa tão carregado como um céu a ameaçar chuva. Confio no entanto que se arranje alguma aberta para que esta conversa não fique suspensa durante uma semana, que tanto irá durar a ausência. Já se sabe que, estando no Brasil, assunto não faltará, o problema, se o houver, estará na insuficiente disponibilidade de tempo. Veremos. Desejem-nos boa viagem, e, já agora, façam-nos o favor de cuidar do elefante enquanto andarmos por fora.

Dia 23

GADO

Não foi fácil chegar ao Brasil. Não foi fácil sequer sair do aeroporto. As instalações da Portela estão infestadas de pessoas de ambos os sexos que nos olham com desconfiança como se tivéssemos escrito na cara, a denunciar-nos, um historial de declarados ou potenciais terroristas. A estas pessoas chamam-lhes "seguranças", o que é bastante contraditório porque, por experiência própria e tanto quanto pude perceber ao redor, os pobres viajantes não sentem nem sombra de segurança na sua presença. O primeiro problema tivemo-lo na inspeção da bagagem de mão. Ainda no rescaldo da doença de que padeci e de que felizmente me venho restabelecendo, devo tomar com regularidade, de duas em duas semanas, um medicamento que, em caso de passagem por um aeroporto, necessita ir acompanhado de declaração médica. Apresentámos essa declaração, carimbada e assinada como mandam os regulamentos, pensando que em menos de um minuto teríamos licença de seguir. Não sucedeu assim. O papel foi laboriosamente soletrado pela "segurança" (era uma mulher), que não achou melhor que chamar um superior, o qual leu a declaração de sobrolho carregado, talvez à espera de uma revelação que lhe fosse sugerida pelas entrelinhas. Começou então um jogo de empurra. A "segurança", que já tinha, por duas ou três vezes, pronunciado esta frase inquietante: "Temos de verificar", recebeu logo o apoio do seu chefe que a repetiu, não duas ou três vezes, mas cinco ou seis. O que havia para verificar estava ali diante dos olhos, um papel e um medicamento, não havia mais que ver. A discussão foi acesa e só terminou quando eu, impaciente, irritado, disse: "Pois se tem que verificar, verifique, e acabemos com isto". O chefe abanou a cabeça e respondeu: "Já verifiquei, mas este frasco tem de ficar". O frasco, se podemos dar tal nome a uma garrafinha de plástico com iogurte, foi juntar-se a outros perigosos explosivos antes apreendidos. Quando nos retirávamos não pude deixar de pensar que a segurança do aeroporto, por este andar, ainda acabará por ser entregue à benemérita corporação dos porteiros de discoteca...

O pior, porém, ainda estava para vir. Durante mais de meia hora, não sei quantas dezenas de passageiros estivemos apinhados, apertados como sardinhas em barrica, dentro do autocarro que deveria levar-nos ao avião. Mais de meia hora sem quase nos podermos mexer, com as portas abertas para que o ar frio da manhã pudesse circular à vontade. Sem uma explicação, sem uma palavra de desculpa. Fomos tratados como gado. Se o avião tivesse caído, bem se poderia dizer que havíamos sido levados ao matadouro.

Dia 24

DUAS NOTÍCIAS

No Brasil, entre entrevista e entrevista, fico a conhecer duas notícias: uma, a má, a terrível, que o temporal que de vez em quando desaba sobre São Paulo para deixar, minutos de fúria depois, um céu limpo e a sensação de que não se passou nada, no Sul causou pelo menos 59 mortos e deixou milhares de pessoas sem casa, sem um teto onde dormir hoje, sem um lar onde seguir vivendo. Notícias destas, apesar de tantas vezes lidas, não podem deixar-nos indiferentes. Pelo contrário, cada vez que nos chega a voz de um novo descalabro da natureza aumentam a dor e a impaciência. E também a pergunta a que ninguém quer responder, embora saibamos que tem resposta: até quando viveremos, ou viverão os mais pobres, à mercê da chuva, do vento, da seca, quando sabemos que todos esses fenómenos têm solução numa organização humana da existência? Até quando olharemos para outro lado, como se o ser humano não fosse importante? Estas 59 pessoas que morreram em Santa Catarina, neste Brasil onde estou agora, não tinham que ter morrido desta morte. E isto, sabemo-lo todos.

A outra notícia é o Prémio Nacional das Letras de Espanha para Juan Goytisolo, que hoje recordo em Lanzarote, com Monique, com Gómez Aguilera, falando de livros e do ofício de escrever. Monique já não está, não vê este prémio que, por fim, é atribuído a Goytisolo, tantos anos depois de termos lido o seu primeiro livro, então recém-publicado. Juan, um abraço e felicidades.

Dia 25

A PÁGINA INFINITA DA INTERNET

Acabamos de sair da conferência de imprensa de São Paulo, a coletiva, como dizem aqui. Surpreende-me que vários jornalistas me tenham perguntado pela minha condição de blogueiro quando tínhamos atrás o anúncio de uma exposição estupenda, a que é organizada pela Fundação César Manrique no Instituto Tomie Ohtake, com os máximos representantes e patrocinadores, e com a apresentação de um novo livro à vista. Mas a muitos jornalistas interessava-lhes a minha decisão de escrever na "página infinita da internet". Será que, aqui, a bem dizer, nos assemelhamos todos? É isto o mais parecido com o poder dos cidadãos? Somos mais companheiros quando escrevemos na internet? Não tenho respostas, apenas constato as perguntas. E gosto de estar escrevendo aqui agora. Não sei se é mais democrático, sei que me sinto igual ao jovem de cabelo alvoroçado e óculos de aro que, com os seus vinte e poucos anos, me questionava. Seguramente para um blog.

Dia 27

DIA VIVIDO

Continuamos no Brasil, Pilar e eu, e comovidos pela tragédia de Santa Catarina, onde o número de mortos ou desaparecidos não deixa de aumentar, como as histórias humanas, de desolação e desesperança dos sobreviventes, que dali nos chegam. Cruzámo-nos com o presidente Lula, que ia visitar a zona da tragédia. Muito consolo tem que transportar para demonstrar que o Estado é útil. Consolo em palavras e em meios. Das duas coisas necessitamos, os humanos. Contam-nos que nas empresas, espontaneamente, se estão recolhendo fundos para ajudar os vitimados. Para quem, como nós, não vivemos diretamente a tragédia, gestos como estes também nos consolam, nos fazem pensar que a jovem da editorial que se preocupa com a sorte de gente que não conhece é uma imagem possível do mundo.

Esta tarde, na Academia Brasileira de Letras, apresentei *A viagem do elefante*. Alberto da Costa e Silva disse na sua intervenção que todos somos bibliotecas, porque guardamos leituras no nosso interior como o melhor de nós mesmos. Tenho com Alberto uma antiga relação de amizade, e por ela, este académico, ex-presidente da Academia e ex-embaixador, quis apresentar o meu livro como algo próprio. Antes tivemos uma reunião com os académicos, à qual assistiram amigos tão generosos como Cleonice Berardinelli e Teresa Cristina Cerdeira da Silva, que não são académicas embora façam parte da aristocracia do espírito, essa que sim é necessária para a evolução da sociedade. Antes estivemos com Chico Buarque, que está a ponto de terminar um novo livro. Se for como *Budapeste* teremos obra. Chico, o cantor, o músico, o escritor, é um dos homens cabais que unem a qualidade do seu trabalho à sua condição de boa gente. Hoje o dia foi cumprido. Sem dúvida.

Dia 28

EDUCAÇÃO SEXUAL

"A exploração sexual é um tema tão importante para a humanidade que não pode haver hipocrisia. É necessário convencer os pais do mundo inteiro de que a educação sexual em casa é tão importante como a comida na mesa. Se não ensinarmos educação sexual nas escolas, os nossos adolescentes aprenderão animalescamente nas ruas. É necessário acabar com a hipocrisia religiosa e isso vale para todas as religiões."

São palavras de Lula da Silva, presidente do Brasil, que subscrevo. Falava num congresso mundial, o terceiro que se realiza, que trata de enfrentar o problema da exploração sexual a que são submetidos crianças e adolescentes em todo o mundo. A rainha da Suécia fez um apelo para que se persiga a delinquência contra os jovens que se instalou na internet. Ambos falaram de problemas graves, que afetam uma parte da sociedade e que fazem estragos sobretudo entre a população infantil e adolescente nas zonas mais pobres do planeta, onde faltam escolas, o conceito de família simplesmente não existe e manda uma televisão que emite violência e sexo 24 horas por dia. Quem ouvirá as palavras sábias que se pronunciam no Congresso contra a Exploração Sexual?

Enfim, queria falar da apresentação de *A viagem do elefante* em São Paulo, mas este assunto meteu-se no meio e tem prioridade. Deixemos o livro para amanhã.

Dia 30

LIVRARIA CULTURA

A última imagem que levamos do Brasil é a de uma bonita livraria, uma catedral de livros, moderna, eficaz, bela. É a Livraria Cultura, está no Conjunto Nacional. É uma livraria para comprar livros, claro, mas também para desfrutar do espetáculo impressionante de tantos títulos organizados de uma forma tão atrativa, como se não fosse um armazém, como se de uma obra de arte se tratasse. A Livraria Cultura é uma obra de arte.

O meu editor, Luiz Schwarcz, da Companhia das Letras, sabia que me ia emocionar este portento, por isso me levou. Também me tocou bastante a livraria da Companhia, ver estantes luminosas com obras de fundo, os clássicos de sempre expostos como outros fazem com as novidades. E todos juntos oferecidos ao leitor, que tem o difícil mas interessante dilema de não saber que escolher. Boa saída de São Paulo. À noite, antes do jantar na casa de Tomie Ohtake fomos ver a exposição "A Consistência dos Sonhos". Fomos os últimos das 700 pessoas que passaram ao longo do dia para ver a montagem que sobre este escritor fez a Fundação César Manrique, e que já esteve em Lanzarote e Lisboa. Fernando Gómez Aguilera pode estar contente: a sua obra, noutro continente, é igual de interessante e próxima, tão precisa como um relógio, tão bela como a Livraria Cultura. Às vezes as boas notícias amontoam-se. Damos fé delas.

DEZEMBRO DE 2008

Dia 1

DIFERENÇAS

Da viagem ao Brasil se tem falado neste espaço, deixando constância das horas felizes que vivemos, das palavras ouvidas e pronunciadas, das amizades antigas e das novas amizades, também dos ecos dolorosos da tragédia de Santa Catarina, aquelas chuvas torrenciais, aqueles morros feitos lama que sepultaram mais de uma centena de pessoas sem defesa, como é norma dos cataclismos naturais que parecem preferir, para vítimas, os mais pobres dos pobres. Regressados a Lisboa seria este o momento de um balanço geral, de um resumo do acontecido, se a discrição nos sentimentos, de que creio ter dado suficientes provas na minha vida, não aconselhasse antes o uso de uma fórmula abrangente e concisa: "Correu tudo bem". Se mais algum livro houver ainda, não poderei desejar para ele melhor acolhimento que o que teve este *A viagem do elefante* que nos levou ao Brasil.

Ontem deixei aqui algumas frases admirativas sobre as magníficas instalações da Livraria Cultura, em São Paulo. Ao assunto volto, em primeiro lugar para reiterar como justiça devida a impressão de deslumbramento que ali experimentámos, Pilar e eu, mas também para algumas considerações menos otimistas, resultantes da inevitável comparação entre uma pujança que não era apenas comercial porque envolvia a boa disposição dos numerosos compradores presentes, em contraste com a incurável tristeza que acinzenta as nossas livrarias, contaminadas pela deficiente formação profissional e o baixo nível da maioria daqueles que lá trabalham. A indústria livreira do país irmão é uma coisa séria, bem estruturada, que, além dos seus méritos próprios, que não são escassos, conta com apoios do Estado para nós inimagináveis. O governo brasileiro é um grande comprador de livros, uma espécie de "mecenas" público sempre pronto para abrir os cordões à bolsa quando se trate de abastecer bibliotecas, estimular as atividades editoriais, organizar campanhas de difusão de leitura que se caracterizam, como tive ocasião de constatar, pela eficácia das estratégias publicitárias. Todo o contrário do que se passa nestas terras lusas em muitos aspetos ainda por desbravar, à espera de um sinal, de um plano de ação, e também, se se me desculpa o comercialismo, de um cheque. O dinheiro, diz a sabedoria popular, é aquilo com que se compram os melões. E também os livros e outros bens do espírito, Senhor Primeiro-Ministro, que, nestes particulares da cultura, tem andado bastante distraído. Para nosso mal.

Dia 3

SALOMÃO REGRESSA A BELÉM

Esta tarde o elefante Salomão voltará a Belém. Quer dizer, a figura literária, por coisas do destino, será apresentada no lugar de onde o elefante real partiu, no século XVI, até Viena de Áustria, com paragens em Castelo Rodrigo, Valladolid, Rosas, Génova, Pádua e por outros locais até cruzar os Alpes e acabar os seus dias na corte de Maximiliano.

O escritor António Mega Ferreira e o professor, e também escritor, Manuel Maria Carrilho serão os encarregados de orientar uma conversa que se tem como tema central um livro, não me estranharia nada que abordasse outros assuntos que aos três nos preocupam porque estão, como dizem alguns jornalistas, na agenda do dia a dia. Sim, não me importaria que a apresentação deste elefante servisse para falar do mundo, este mundo que se rompe por tantas costuras porque desde o elefante Salomão até agora, embora possíveis, não se consolidaram as melhoras de que necessitávamos. Para evitar a noite que se nos avizinha.

Dia 4

A QUEM INTERESSE

Apresentei *A viagem do elefante* em Lisboa e aproveitei para dizer que a minha cabeça anda às voltas com um novo livro. Uf!

Dia 4

SAVIANO

Há muitos anos, em Nápoles, passando por uma daquelas ruas onde tudo pode acontecer, a curiosidade foi-me despertada por um café com todo o ar de ter aberto as suas portas havia poucos dias. As madeiras eram claras, os cromados brilhantes, o chão limpo, enfim, uma festa não só para os olhos, também para o olfato e para o paladar, como veio demonstrá-lo o excelente café que me serviram. Perguntou-me o empregado donde era eu, respondi-lhe que de Portugal, e ele, com a naturalidade de quem oferece uma informação útil, disse: "Isto é da camorra". Apanhado de surpresa, limitei-me a deixar sair da boca um "Ah, sim?" que não me comprometia em nada, mas que me serviu para tentar iludir a súbita inquietação que me roçou a boca do estômago. Tinha na frente alguém que podia ser visto como um simples contratado sem especiais responsabilidades na atividade criminosa dos patrões, mas que a lógica aconselhava a olhar com prudência e a desconfiar de uma cordialidade fora de lugar, uma vez que eu não passava de um cliente de passagem que não conseguia compreender como uma revelação aparentemente incriminatória havia sido prestada com o mais amável dos sorrisos. Paguei, saí e, já na rua, estuguei o passo como se um bando de sicários armados até aos dentes se preparasse para me perseguir. Depois de virar três ou quatro esquinas, comecei a tranquilizar-me. O empregado do café podia ser um facínora, mas razão para querer-me mal, não a tinha. Estava claro que se contentara com dizer-me aquilo que eu, como habitante deste planeta, devia ter obrigação de saber, que Nápoles, toda ela, estava nas mãos da camorra, que a beleza da baía era um disfarce ilusório e a tarantela uma marcha fúnebre.

Os anos passaram, mas o episódio nunca se me apagou da memória. E agora regressa como algo vivido ontem, aquelas madeiras claras, o brilho dos cromados, o sorriso cúmplice do empregado, que empregado não seria, mas gerente, homem de confiança da camorra, camorrista ele próprio. Penso em Roberto Saviano, ameaçado de morte por ter escrito um livro de denúncia de uma organização criminosa capaz de sequestrar uma cidade inteira e quem lá vive, penso em Roberto Saviano que tem a cabeça não a prémio, mas a prazo, e pergunto-me se algum dia acordaremos do pesadelo que a vida é para tantos, perseguidos por dizerem a verdade, toda a verdade e nada mais que a verdade. Sinto-me humilde, quase insignificante, perante a dignidade e a coragem do escritor e jornalista Roberto Saviano, mestre de vida.

Dia 9

CALLE SANTA FE

A rua existe, está em Santiago de Chile. Ali, os esbirros de Pinochet cercaram uma casa térrea onde viviam (melhor será dizer que se refugiavam) Carmen Castillo e o seu companheiro de vida e de ação política, Miguel Enríquez, dirigente principal do MIR, sigla do Movimiento de Izquierda Revolucionario que havia apoiado e colaborado com Salvador Allende e agora era objeto da perseguição do poder militar que havia traído a democracia e se preparava para estabelecer uma das mais ferozes ditaduras que a América do Sul teve a desgraça de conhecer. Miguel Enríquez foi morto, gravemente ferida Carmen Castillo, que estava grávida. Muitos anos depois, Carmen vem recordar e reconstituir esses dias num documentário de impressionante sinceridade e realismo que teremos o privilégio de ver esta noite no Cinema King. Documentário que é, ao mesmo tempo, graças ao saber e à sensibilidade da sua realizadora, cinema da mais alta qualidade. Até logo, pois.

Dia 10

HOMENAGEM

Hoje, o encontro é na Casa do Alentejo, às 6 da tarde. Como se refere no título, trata-se de uma homenagem. Homenagem a quem? A ninguém em particular, pois que ela contemplará as próprias Letras Portuguesas na sua totalidade, por assim dizer de A a Z, celebradas num ato de canto e de leituras a cargo de vinte escritores, atores e jornalistas que, generosamente, puseram o seu tempo e o seu talento ao serviço de uma ideia nascida na Fundação. O dia escolhido, este 10 de dezembro de 2008, rememora a entrega do prémio Nobel a um escritor português que, no seu discurso de agradecimento, entendeu dever partilhar a distinção não só com todos os escritores seus contemporâneos, sem exceção, mas também com os que nos antecederam, aqueles que, no dizer de Camões, da lei da morte se libertaram. Serão lidos ou cantados textos dos seguintes autores: Antero de Quental, padre António Vieira, Vitorino Nemésio, José Cardoso Pires, Ruy Belo, Sophia de Mello Breyner, Pedro Homem de Mello, Miguel Torga, Eça de Queiroz, Natália Correia, David Mourão-Ferreira, Ary dos Santos, Camilo Castelo Branco, Manuel da Fonseca, Almada Negreiros, José Gomes Ferreira, Teixeira de Pascoaes, Raul Brandão, Fernando Pessoa, Jorge de Sena, Aquilino Ribeiro, Almeida Garrett, Luís de Camões, Carlos de Oliveira e Fernando Namora. Um verdadeiro quadro de honra que a todos deve honrar-nos.

Dia 11

BALTASAR GARZÓN (1)

Apesar do tempo agreste, com chuva a espaços e frio, o cinema estava cheio. Carmen Castillo temia que as duas horas e meia de projeção do seu documentário acabassem por fazer desanimar a assistência, mas não foi assim. Nem uma só pessoa se levantou para sair e, no final, com os espectadores rendidos à força das imagens e aos testemunhos estremecedores dos membros do MIR sobreviventes da ditadura, Carmen foi aplaudida de pé. Nós, os da Fundação, estávamos orgulhosos daquele público. Havia confiança, mas a realidade excedeu as previsões mais otimistas.

À hora a que escrevo, mais de duzentos mil exemplares da Declaração Universal dos Direitos Humanos circulam nas mãos de outros tantos leitores dos jornais *Diário de Notícias*, de Lisboa, e *Jornal de Notícias*, do Porto. E hoje, dia 11, será a vez de Baltasar Garzón, que vem expressamente de Madrid para falar de direitos humanos, do Chile e de Guantánamo. Tal como a homenagem às Letras Portuguesas que se realizou ao fim da tarde com grande êxito, a conferência de Garzón será na Casa do Alentejo, às 18 horas. É uma boa ocasião para aprender. Sim, para aprender.

Dia 12

BALTASAR GARZÓN (2)

O juiz Baltasar Garzón deixou em Lisboa uma lição do que é ou deve ser o Direito. A verdade é que, em sentido estrito, do que se falou no ato organizado pela Fundação foi de Justiça. E de sentido comum: dos delitos que não podem ficar impunes, das vítimas a quem tem de ser dada satisfação, dos tribunais que têm de levantar alcatifas para ver o que há por baixo do horror. Porque muitas vezes, por baixo do horror, há interesses económicos, delitos claramente identificados perpetrados por pessoas e grupos concretos que não podem ser ignorados em Estados que se proclamam de direito. Quem sabe se os responsáveis dos crimes contra a humanidade, que de outra forma não posso chamar a esta crise financeira e económica internacional, não acabarão processados, como o foram Pinochet ou Videla ou outros ditadores terríveis que tanta dor espalharam? Quem sabe?

O juiz Baltasar Garzón fez-nos compreender a importância de não cair na vileza uma vez para não ficar para sempre vil. Quem conculca uma vez os direitos humanos, em Guantánamo, por exemplo, atira pela borda fora anos de direito e de legalidade. Não se pode ser cúmplice do caos internacional com que a administração Bush infetou meio mundo. Nem os governos, nem os cidadãos.

Um auditório multitudinário e atento seguiu as intervenções do juiz com respeito e consideração. E aplaudiu como quem ouve não verdades reveladas, mas sim a voz efetiva de que o mundo necessita para não cair na permissividade da abjeção.

A Fundação está contente: fizemos o que pudemos para recordar que há uma Declaração de Direitos Humanos, que estes não são respeitados e que os cidadãos têm de exigir que não se tornem em letra morta. Baltasar Garzón cumpriu a sua parte e tê-lo posto a claro esta tarde em Lisboa só pode fazer com que nos felicitemos.

Dia 15

BORGES

María Kodama voltou a Portugal, desta vez para assistir à inauguração de um monumento a Jorge Luis Borges. Havia bastante público no Jardim do Arco do Cego, onde a memória foi implantada. Uma banda filarmónica tocou o hino da Argentina e também, não o hino nacional português, mas o hino da "Maria da

Fonte", expressão musical da revolução a que foi posto esse nome por alturas de 1846-47 e que ainda hoje continua a ser tocada em cerimónias civis e militares. O monumento é simples, um bloco vertical de granito da melhor qualidade no qual se abre um vão onde uma mão dourada, molde direto da mão direita de Jorge Luis Borges, segura uma caneta. É simples, evocativo, muito preferível a um busto ou uma estátua em que nos cansaríamos a procurar semelhanças. Improvisei umas quantas palavras sobre o autor de *Ficções*, a quem continuo a considerar como o inventor da literatura virtual, essa sua literatura que parece ter-se desprendido da realidade para melhor revelar os seus invisíveis mistérios. Foi um bom princípio de tarde. E María Kodama estava feliz.

Dia 16

O GOLPE FINAL

O riso é imediato. Ver o presidente dos Estados Unidos a encolher-se atrás do microfone enquanto um sapato voa sobre a sua cabeça é um excelente exercício para os músculos da cara que comandam a gargalhada. Este homem, famoso pela sua abissal ignorância e pelos seus contínuos dislates linguísticos, fez-nos rir muitas vezes durante os últimos oito anos. Este homem, também famoso por outras razões menos atrativas, paranoico contumaz, deu-nos mil motivos para que o detestássemos, a ele e aos seus acólitos, cúmplices na falsidade e na intriga, mentes pervertidas que fizeram da política internacional uma farsa trágica e da simples dignidade o melhor alvo da irrisão absoluta. Em verdade, o mundo, apesar do desolador espetáculo que nos oferece todos os dias, não merecia um Bush. Tivemo-lo, sofremo-lo, a um ponto tal que a vitória de Barack Obama terá sido considerada por muita gente como uma espécie de justiça divina. Tardia como em geral a justiça o é, mas definitiva. Afinal, não era assim, faltava-nos o golpe final, faltavam-nos ainda aqueles sapatos que um jornalista da televisão iraquiana lançou à mentirosa e descarada fachada que tinha na sua frente e que podem ser entendidos de duas formas: ou que esses sapatos deveriam ter uns pés dentro e o alvo do golpe ser aquela parte arredondada do corpo onde as costas mudam de nome, ou então que Mutazem al Kaidi (fique o seu nome para a posteridade) terá encontrado a maneira mais contundente e eficaz de expressar o seu desprezo. Pelo ridículo. Um par de pontapés também não estaria mal, mas o ridículo é para sempre. Voto no ridículo.

Dia 17

PALAVRAS

Não pode haver conferência de imprensa sem palavras, em geral muitas, algumas vezes demasiadas. Pilar insiste em recomendar-me que dê respostas breves, fórmulas sintéticas capazes de concentrar longos discursos que ali estariam fora de lugar. Tem razão, mas a minha natureza é outra. Penso que cada palavra necessita sempre pelo menos outra que a ajude a explicar-se. A coisa chegou a um ponto tal que, de há tempos a esta parte, passei a antecipar-me às perguntas que supostamente me farão, procedimento facilitado pelo conhecimento prévio que venho acumulando sobre o tipo de assuntos que aos jornalistas mais costumam interessar. O divertido do caso está na liberdade que assumo ao iniciar uma exposição dessas. Sem ter de preocupar-me com os enquadramentos temáticos que cada pergunta específica necessariamente estabeleceria, embora não fosse essa a sua intenção declarada, lanço a primeira palavra, e a segunda, e a terceira, como pássaros a que foi aberta a porta da gaiola, sem saber muito bem, ou não o sabendo de todo, aonde eles me levarão. Falar torna-se então numa aventura, comunicar converte-se na busca metódica de um caminho que leve a quem estiver escutando, tendo sempre presente que nenhuma comunicação é definitiva e instantânea, que muitas vezes é preciso voltar atrás para aclarar o que só sumariamente foi enunciado. Mas o mais interessante em tudo isto é descobrir que o discurso, em lugar de se limitar a iluminar e dar visibilidade ao que eu próprio julgava saber acerca do meu trabalho, acaba invariavelmente por revelar o oculto, o apenas intuído ou pressentido, e que de repente se torna numa evidência insofismável em que sou o primeiro a surpreender-me, como alguém que estava no escuro e acabou de abrir os olhos para uma súbita luz. Enfim, vou aprendendo com as palavras que digo. Eis uma boa conclusão, talvez a melhor, para este discurso. Finalmente breve.

Dia 18

EDITORES

Voltaire não tinha agente literário. Não o teve ele nem nenhum escritor do seu tempo e de largos tempos mais. O agente literário simplesmente não existia. O negócio, se assim lhe quisermos chamar, funcionava com dois únicos interlocutores, o autor e o editor. O autor tinha a obra, o editor os meios para publicá-la, nenhum intermediário entre um e outro. Era o tempo da inocência. Não quer isto dizer que o agente literário tenha sido e continue a ser a serpente tentadora nascida para perverter as harmonias de um paraíso que, verdadeiramente, nunca existiu. Porém, direta ou indiretamente, o agente literário foi o ovo posto por uma indústria editorial que havia passado a preocupar-se muito mais com um descobrimento em cadeia de best-sellers que com a publicação e a divulgação de obras de mérito. Os escritores, gente em geral ingénua que facilmente se deixa iludir pelo agente literário do tipo chacal ou tubarão, correm atrás de promessas de vultosos adiantamentos e de promoções planetárias como se disso dependesse a sua vida. E não é assim. Um adiantamento é simplesmente um pagamento por conta, e, quanto a promoções, todos temos a obrigação de saber, por experiência, que as realidades ficam quase sempre aquém das expectativas.

Estas considerações não são mais que uma modesta glosa da excelente conferência pronunciada por Basilio Baltasar em finais de novembro no México, com o título de "A desejada morte do editor", na sequência de uma entrevista dada ao *El País* pelo famoso agente literário Andrew Wylie. Famoso, digo, embora nem sempre pelas melhores razões. Não me atreveria, nem seria este o lugar adequado, a resumir as pertinentes análises de Basilio Baltasar a partir da estulta declaração do dito Wylie de que "O editor é nada, nada" e que me recorda as palavras de Roland Barthes quando anunciou a morte do autor... Afinal, o autor não morreu, e o ressurgimento do editor amante do seu trabalho está nas mãos do editor, se assim o quiser. E também nas mãos dos escritores a quem vivamente recomendo a leitura da conferência de Basilio Baltasar, que deverá ser publicada, e um seu consequente debate.

Dia 22

GAZA

A sigla ONU, toda a gente o sabe, significa Organização das Nações Unidas, isto é, à luz da realidade, nada ou muito pouco. Que o digam os palestinos de Gaza a quem se lhes estão esgotando os alimentos, ou que se esgotaram já, porque assim o impôs o bloqueio israelita, decidido, pelos vistos, a condenar à fome as 750 000 pessoas ali registadas como refugiados. Nem pão têm já, a farinha acabou, e o azeite, as lentilhas e o açúcar vão pelo mesmo caminho. Desde o dia 9 de dezembro os camiões da agência das Nações Unidas, carregados de alimentos, aguardam que o exército israelita lhes permita a entrada na Faixa de Gaza, uma autorização uma vez mais negada ou que será retardada até ao último desespero e à última exasperação dos palestinos famintos. Nações Unidas? Unidas? Contando com a cumplicidade ou a cobardia internacional, Israel ri-se de recomendações, decisões e protestos, faz o que entende, quando o entende e como o entende. Vai ao ponto de impedir a entrada de livros e instrumentos musicais como se se tratasse de produtos que iriam pôr em risco a segurança de Israel. Se o ridículo matasse não restaria de pé um único político ou um único soldado israelita, esses especialistas em crueldade, esses doutorados em desprezo que olham o mundo do alto da insolência que é a base da sua educação. Compreendemos melhor o deus bíblico quando conhecemos os seus seguidores. Jeová, ou Javé, ou como se lhe chame, é um deus rancoroso e feroz que os israelitas mantêm permanentemente atualizado.

Dia 23

UM ANO DEPOIS

"Morri" na noite de 22 de dezembro de 2007, às quatro horas da madrugada, para "ressuscitar" só nove horas depois. Um colapso orgânico total, uma paragem das funções do corpo, levaram-me ao último limiar da vida, lá onde já é tarde de mais para despedidas. Não recordo nada. Pilar estava ali, estava também María, minha cunhada, uma e outra diante de um corpo inerte, abandonado de todas as forças e donde o espírito parecia ter-se ausentado, que mais tinha já de irremediável cadáver que de ser vivente. São elas que me contam hoje o que foram aquelas horas. Ana, a minha neta, chegou na tarde do mesmo dia, Violante no seguinte. O pai e avô ainda era como a pálida chama de uma vela que ameaçasse extinguir-se ao sopro da sua própria respiração. Soube depois que o meu corpo seria exposto na biblioteca, rodeado de livros e, digamo-lo assim, outras flores. Escapei. Um ano de recuperação, lenta, lentíssima como me avisaram os médicos que teria de ser, devolveu-me a saúde, a energia, a agilidade do pensamento, devolveu-me também esse remédio universal que é o trabalho. Em direção, não à morte, mas à vida, fiz a minha própria "Viagem do Elefante", e aqui estou. Para vos servir.

Dia 24

NATAL

Natal. Na província neva.
Nos lares aconchegados

> Um sentimento conserva
> Os sentimentos passados.
> Coração oposto ao mundo,
> Como a família é verdade!
> Meu pensamento é profundo,
> Por isso tenho saudade.
> E como é branca de graça
> A paisagem que não sei,
> Vista de trás da vidraça
> Do lar que nunca terei!
>
> *Fernando Pessoa*

Dia 25

CEIA

Há muitos anos, nada menos que em 1993, escrevi nos *Cadernos de Lanzarote* umas quantas palavras que fizeram as delícias de alguns teólogos desta parte da Ibéria, especialmente Juan José Tamayo, que desde aí, generosamente, me deu a sua amizade. Foram elas: "Deus é o silêncio do universo, e o homem o grito que dá sentido a esse silêncio". Reconheça-se que a ideia não está mal formulada, com o seu *quantum satis* de poesia, a sua intenção levemente provocadora e o subentendido de que os ateus são muito capazes de aventurar-se pelos escabrosos caminhos da teologia, ainda que a mais elementar. Nestes dias em que se celebra o nascimento do Cristo, outra ideia me acudiu, talvez mais provocadora ainda, direi mesmo que revolucionária, e que em pouquíssimas palavras se enuncia. Ei-las. Se é verdade que Jesus, na última ceia, disse aos discípulos, referindo-se ao pão e ao vinho que estavam sobre a mesa: "Este é o meu corpo, este é o meu sangue", então não será ilegítimo concluir que as inumeráveis ceias, as pantagruélicas comezainas, as empanturradelas homéricas com que milhões e milhões de estômagos têm de haver-se para iludir os perigos de uma congestão fatal, não serão mais que a multitudinária cópia, ao mesmo tempo efetiva e simbólica, da última ceia: os crentes alimentam-se do seu deus, devoram-no, digerem-no, eliminam-no, até ao próximo natal, até à próxima ceia, ao ritual de uma fome material e mística sempre insatisfeita. A ver agora que dizem os teólogos.

Dia 29

CUNHADOS

São perfeitos. Enfim, quase. Falam alto e sem descanso, apaixona-os a discussão pela discussão, são muitas vezes sectários, violentos de palavras, em todo o caso mais na forma que no fundo. As mulheres, que são cinco, fazem tanto ruído, se não mais ainda que os homens, que são dez. Para eles e para elas nenhum assunto ficará alguma vez suficientemente debatido. Nunca desistem. A pronúncia granadina torna com frequência ininteligível o que dizem. Não importa. Embora eu tenha as minhas dúvidas, afirmam que se entendem uns aos outros perfeitamente. Têm um sentido de humor particular que muitas vezes me ultrapassa e que não raro me leva a perguntar aos meus próprios botões onde estava a graça. Os noivos e as noivas, os esposos e as esposas, grupo em que estou incluído, assistem estupefactos, e, como não podem vencê-los, acabam por juntar-se ao coro, exceto algum raro caso que prefira o discreto silêncio. Em vinte anos nunca vi que destas discussões resultasse uma zanga, um conflito a necessitar conselho de família e reconciliação. Por mais que tenha chovido e trovejado antes, o céu sempre acabará limpo de nuvens. Perfeitos não serão, mas boa gente, sim.

Dia 30

LIVRO

Estou às voltas com um novo livro. Quando, no meio de uma conversação, deixo cair a notícia, a pergunta que me fazem é inevitável (o meu sobrinho Olmo fê-la ontem): e qual vai ser o título? A solução mais cómoda para mim seria responder que ainda não o tenho, que precisarei de chegar ao fim para me decidir entre as hipóteses que se me forem apresentando (supondo que assim seria) durante o trabalho. Cómoda, sem dúvida nenhuma, mas falsa. A verdade é que ainda a primeira linha do livro não havia sido escrita e eu já sabia, desde há quase três anos (quando a ideia surgiu), como ele se iria chamar. Alguém perguntará: porquê esse segredo? Porque a palavra do título (é só uma palavra) contaria, só por si, toda a história. Costumo dizer que quem não tiver paciência para ler os meus livros, passe os olhos ao menos pelas epígrafes porque por elas ficará a saber tudo. Não sei se o livro em que estou a trabalhar levará epígrafe. Talvez não. O título bastará.

Dia 31

ISRAEL

Não é do melhor augúrio que o futuro presidente dos Estados Unidos venha repetindo uma e outra vez, sem lhe tremer a voz, que manterá com Israel a "relação especial" que liga os dois países, em particular o apoio incondicional que a Casa Branca tem dispensado à política repressiva (repressiva é dizer pouco) com que os governantes (e por que não também os governados?) israelitas não têm feito outra coisa senão martirizar por todos os modos e meios o povo palestino. Se a Barack Obama não lhe repugna tomar o seu chá com verdugos e criminosos de guerra, bom proveito lhe faça, mas não conte com a aprovação da gente honesta. Outros presidentes colegas seus o fizeram antes sem precisarem de outra justificação que a tal "relação especial" com a qual se deu cobertura a quantas ignomínias foram tramadas pelos dois países contra os direitos nacionais dos palestinos.

Ao longo da campanha eleitoral Barack Obama, fosse por vivência pessoal ou por estratégia política, soube dar de si mesmo a imagem de um pai extremoso. Isso me leva a sugerir-lhe que conte esta noite uma história às suas filhas antes de adormecerem, a história de um barco que transportava quatro toneladas de medicamentos para acudir à terrível situação sanitária da população de Gaza e que esse barco, *Dignidade* era o seu nome, foi destruído por um ataque de forças navais israelitas sob o pretexto de que não tinha autorização para atracar nas suas costas (julgava eu, afinal ignorante, que as costas de Gaza eram palestinas...). E não se surpreenda se uma das suas filhas, ou as duas em coro, lhe disserem: "Não te canses, papá, já sabemos o que é uma relação especial, chama-se cumplicidade no crime".

JANEIRO DE 2009

Dia 5

BALANÇO

Valeu a pena? Valeram a pena estes comentários, estas opiniões, estas críticas? Ficou o mundo melhor que antes? E eu, como fiquei? Isso esperava? Satisfeito com o trabalho? Responder "sim" a todas estas perguntas, ou mesmo a só alguma delas, seria a demonstração clara de uma cegueira mental sem desculpa. E responder com um "não" sem exceções, que poderia ser? Excesso de modéstia? De resignação? Ou apenas a consciência de que qualquer obra humana não passa de uma pálida sombra da obra antes sonhada? Conta-se que Miguel Ângelo, quando terminou o Moisés que se encontra em Roma, na Igreja de San Pietro in Vincoli, deu uma martelada no joelho da estátua e gritou: "Fala!". Não será preciso dizer que Moisés não falou. Moisés nunca fala. Também o que neste lugar se escreveu ao longo dos últimos meses não contém mais palavras nem mais eloquentes que as que puderam ser escritas, precisamente essas a quem o autor gostaria de pedir, apenas murmurando, "Falem, por favor, digam-me o que são, para que serviram, se para algo foi". Calam, não respondem. Que fazer, então? Interrogar as palavras é o destino de quem escreve. Um artigo? Uma crónica? Um livro? Pois seja, já sabemos que Moisés não responderá.

Dia 6

SARKOZY, O IRRESPONSÁVEL

Nunca apreciei este cavalheiro e creio que a partir de hoje passarei a apreciá-lo ainda menos, se tal é possível. E não deveria ser assim, se, como a internet acaba de me informar, o dito sr. Sarkozy anda em missão de paz pelas torturadas terras da Palestina, esforço louvável que, à primeira vista, só deveria merecer elogios e votos do melhor sucesso. Da minha parte tê-los-ia todos se não tivesse utilizado, uma vez mais, a velha estratégia dos dois pesos e das duas medidas. Num arranco de hipocrisia política simplesmente notável, Sarkozy acusa o Hamas de haver cometido ações irresponsáveis e imperdoáveis lançando foguetes sobre o território de Israel. Não serei eu quem absolva o Hamas de tais ações, aliás, segundo leio a cada passo, castigadas pela quase total ineficácia da bélica operação que pouco mais tem conseguido que danificar algumas casas e derrubar alguns muros. Nunca as palavras doam na língua ao sr. Sarkozy, há que denunciar o Hamas. Com uma condição, porém. Que as suas justamente repreensivas palavras tivessem sido igualmente aplicadas aos horrendos crimes de guerra que vêm sido cometidos pelo exército e pela aviação israelita, em proporções inimagináveis, contra a população civil da Faixa de Gaza. Sobre esta vergonha o sr. Sarkozy parece não ter encontrado no seu *Larousse* as expressões adequadas. Pobre França.

Dia 7

"NO NOS ABANDONES"

Vai o título em castelhano porque assim foi a frase dita. Este escrito também poderia chamar-se "Os silêncios de Marcos", o que esclarece tudo. A prosa de hoje refere-se ao mítico, ainda que muito real, subcomandante. A poucas pessoas admirei tanto em minha vida, de pouquíssimas esperei tanto. Nunca lho disse pela simples razão de que estas coisas não se dizem, sentem-se e por aí se ficam. Questão de pudor, parece. Quando os zapatistas saíram da Selva Lacandona para chegarem ao Zócalo depois de terem atravessado meio México, eu estava ali, um entre um milhão. Conheci a exaltação, o pulsar da esperança em todo o corpo, a vontade de mudar para converter-me em algo melhor, menos egoísta, mais capaz de entrega. Marcos falou, nomeou todas as etnias de Chiapas, e a cada uma foi como se as cinzas de milhões de índios se tivessem desprendido dos túmulos e outra vez reencarnado. Não estou a fazer literatura fácil, tento, canhestramente, pôr em palavras o que nenhuma palavra pode expressar: o instante em que o humano se torna sobre-humano e, do mesmo passo, regressa à sua mais estreme humanidade.

No dia seguinte, no campus modesto de uma universidade, houve um comício que reuniu alguns milhares de pessoas e aí se falou do presente e do futuro de Chiapas, da luta exemplar das comunidades índias que eu sonhava ver um dia estendida a toda a América (tranquilizem-se os tímidos, não aconteceu). Na tribuna estavam, entre outros, Carlos Monsivais, Elena Poniatowska, Manuel Vázquez Montalbán, eu próprio. Todos falámos, mas o que a gente queria era ouvir Marcos. O seu discurso foi breve, mas intenso, quase insuportável para o sistema emotivo de cada um. Quando tudo terminou fui abraçar Marcos e foi então que ele me disse ao ouvido, numa voz apenas sussurrada: "Não nos abandones". Respondi-lhe no mesmo tom: "Teria que abandonar-me a mim mesmo para que isso sucedesse". Nunca mais o vi até hoje.

Pensei, e disse-o, que Marcos deveria ter falado no Congresso. Por decisão da *comandancia* interveio a comandante Esther, e fê-lo admiravelmente. Comoveu o México inteiro, mas, repito, em meu entender, era Marcos quem deveria ter falado. O significado político de uma intervenção sua culminaria de maneira mais eficaz a marcha zapatista. Assim pensava e assim continuo a pensar. O tempo passou, o processo revolucionário variou os rumos, Marcos saiu da Selva Lacandona. Durante o último ano Marcos guardou um silêncio total, deixou-nos órfãos daquelas palavras que só ele saberia dizer ou escrever. Sentimos-lhe a falta. No dia 1 houve em Oventic um encontro para celebrar e recordar o início da revolução, a tomada de San Cristóbal de las Casas, os altos e baixos de um caminho difícil. Marcos não foi a Oventic, não mandou sequer uma mensagem, uma palavra. Não compreendi, e continuo a não compreender. Marcos, há poucos dias, anunciou para o ano que entrou uma nova estratégia política. Oxalá, se a antiga perdeu as virtudes. Oxalá, sobretudo, que não volte a calar-se. Com que direito o digo? Com o simples direito de quem não abandonou. Sim, de quem não abandonou.

Dia 8

Este artigo foi publicado pela primeira vez há alguns anos. O seu pano de fundo é a segunda Intifada palestina, em 2000. Atrevi-me a pensar que o texto não envelheceu demasiado e que a sua "ressurreição" está justificada pela criminosa ação de Israel contra a população de Gaza. Aí vai, portanto.

DAS PEDRAS DE DAVID AOS TANQUES DE GOLIAS

Afirmam algumas autoridades em questões bíblicas que o Primeiro Livro de Samuel foi escrito na época de Salomão, ou no período imediato, em qualquer caso antes do cativeiro da Babilónia. Outros estudiosos não menos competentes argumentam que não apenas o Primeiro, mas também o Segundo Livro, foram redigidos depois do exílio da Babilónia, obedecendo a sua composição ao que é denominado por estrutura histórico-político-religiosa do esquema deuteronomista, isto é, sucessivamente, a aliança de Deus com o seu povo, a infidelidade do povo, o castigo de Deus, a súplica do povo, o perdão de Deus. Se a venerável escritura vem do tempo de Salomão, poderemos dizer que sobre ela passaram, até hoje, em números redondos, uns três mil anos. Se o trabalho dos redatores foi realizado após terem regressado os judeus do exílio, então haverá que descontar daquele número uns quinhentos anos, mais mês, menos mês.

Esta preocupação de exatidão temporal tem como único propósito oferecer à compreensão do leitor a ideia de que a famosa lenda bíblica do combate (que não chegou a dar-se) entre o pequeno David e o gigante filisteu Golias anda a ser mal contada às crianças pelo menos desde há vinte ou trinta séculos. Ao longo do tempo, as diversas partes interessadas no assunto elaboraram, com o assentimento acrítico de mais de cem gerações de crentes, tanto hebreus como cristãos, toda uma enganosa mistificação sobre a desigualdade de forças que separava dos bestiais quatro metros de altura de Golias a frágil compleição física do louro e delicado David. Tal desigualdade, enorme segundo todas as aparências, era compensada, e logo revertida a favor do israelita, pelo facto de David ser um mocinho astucioso e Golias uma estúpida massa de carne, tão astucioso aquele que, antes de ir enfrentar-se ao filisteu, apanhou na margem de um regato que havia por ali perto cinco pedras lisas que meteu no alforge, tão estúpido o outro que não se apercebeu de que David vinha armado com uma pistola. Que não era uma pistola, protestarão indignados os amantes das soberanas verdades míticas, que era simplesmente uma funda, uma humílima funda de pastor, como já as haviam usado em imemoriais tempos os servos de Abraão que lhe conduziam e guardavam o gado. Sim, de facto não parecia uma pistola, não tinha cano, não tinha coronha, não tinha gatilho, não tinha cartuchos, o que tinha era duas cordas finas e resistentes atadas pelas pontas a um pequeno pedaço de couro flexível no côncavo do qual a mão experta de David colocaria a pedra que, à distância, foi lançada, veloz e poderosa como uma bala, contra a cabeça de Golias, e o derrubou, deixando-o à mercê do fio da sua própria espada, já empunhada pelo destro fundibulário. Não foi por ser mais astucioso que o israelita conseguiu matar o filisteu e dar a vitória ao exército do Deus vivo e de Samuel, foi simplesmente porque levava consigo uma arma de longo alcance e a soube manejar. A verdade histórica, modesta e nada imaginativa, contenta-se com ensinar-nos que Golias não teve sequer a possibilidade de pôr as mãos em cima de David, a verdade mítica, emérita fabricante de fantasias, anda a embalar-nos há trinta séculos com o conto maravilhoso do triunfo do pequeno pastor sobre a bestialidade de um guerreiro gigantesco a quem, afinal, de nada pôde servir o pesado bronze do capacete, da couraça, das perneiras e do escudo. Tanto quanto estamos autorizados a concluir do desenvolvimento deste edificante episódio, David, nas muitas batalhas que fizeram dele rei de Judá e de Jerusalém e estenderam o seu poder até à margem direita do rio Eufrates, não voltou a usar a funda e as pedras.

Também não as usa agora. Nestes últimos cinquenta anos cresceram a tal ponto a David as forças e o tamanho que entre ele e o sobranceiro Golias já não é possível reconhecer qualquer diferença, podendo até dizer-se, sem ofender a ofuscante claridade dos factos, que se tornou num novo Golias. David, hoje, é Golias, mas um Golias que deixou de carregar com pesadas e afinal inúteis armas de bronze. Aquele louro David de antanho sobrevoa de helicóptero as terras palestinas ocupadas e dispara mísseis contra alvos inermes, aquele delicado David de outrora tripula os mais poderosos tanques do mundo e esmaga e rebenta tudo o que encontra na sua frente, aquele lírico David que cantava loas a Betsabé, encarnado agora na figura gargantuesca de um criminoso de guerra chamado Ariel Sharon, lança a "poética" mensagem de que primeiro é necessário esmagar os palestinos para depois negociar com o que deles restar. Em poucas palavras, é nisto que consiste, desde 1948, com ligeiras variantes meramente táticas, a estratégia política israelita. Intoxicados pela ideia messiânica de um Grande Israel que realize finalmente os sonhos expansionistas do sionismo mais radical; contaminados pela monstruosa e enraizada "certeza" de que neste catastrófico e absurdo mundo existe um povo eleito por Deus e que, portanto, estão automaticamente justificadas e autorizadas, em nome também dos horrores do passado e dos medos de hoje, todas as ações próprias resultantes de um racismo obsessivo, psicológica e patologicamente exclusivista; educados e treinados na ideia de que quaisquer sofrimentos que tenham infligido, inflijam ou venham a infligir aos outros, e em particular aos palestinos, sempre ficarão abaixo dos que sofreram no Holocausto, os judeus arranham interminavelmente a sua própria ferida para que não deixe de sangrar, para torná-la incurável, e mostram-na ao mundo como se se tratasse de uma bandeira. Israel fez suas as terríveis palavras de Jeová no Deuteronómio: "Minha é a vingança, e eu lhes darei o pago". Israel quer que nos sintamos culpados, todos nós, direta ou indiretamente, dos horrores do Holocausto, Israel quer que renunciemos ao mais elementar juízo crítico e nos transformemos em dócil eco da sua vontade, Israel quer que reconheçamos *de jure* o que para eles é já um exercício *de facto*: a impunidade absoluta. Do ponto de vista dos judeus, Israel não poderá nunca ser submetido a julgamento, uma vez que foi torturado, gaseado e queimado em Auschwitz. Pergunto-me se esses judeus que morreram nos campos de concentração nazis, esses que foram trucidados nos pogromes, esses que apodreceram nos guetos, pergunto-me se essa imensa multidão de infelizes não sentiria vergonha pelos atos infames que os seus descendentes vêm cometendo. Pergunto-me se o facto de terem sofrido tanto não seria a melhor causa para não fazerem sofrer os outros.

    As pedras de David mudaram de mãos, agora são os palestinos que as atiram. Golias está do outro lado, armado e equipado como nunca se viu soldado algum na história das guerras, salvo, claro está, o amigo norte-americano. Ah, sim, as horrendas matanças de civis causadas pelos terroristas suicidas... Horrendas, sim, sem dúvida, condenáveis, sim, sem dúvida, mas Israel ainda terá muito que aprender se não é capaz de compreender as razões que podem levar um ser humano a transformar-se numa bomba.

Dia 11

COM GAZA

    As manifestações públicas não são estimadas pelo poder, que não raro as proíbe ou as reprime. Felizmente não é esse o caso de

Espanha, onde se têm visto sair à rua algumas das maiores manifestações realizadas na Europa. Honra seja feita por isso aos habitantes de um país em que a solidariedade internacional nunca foi uma palavra vã e que certamente o expressará no ato multitudinário previsto para domingo em Madrid. O objeto imediato desta manifestação é a ação militar indiscriminada, criminosa e atentatória de todos os direitos humanos básicos, desenvolvida pelo governo de Israel contra a população de Gaza, sujeita a um bloqueio implacável, privada dos meios essenciais à vida, desde os alimentos à assistência médica. Objeto imediato, mas não único. Que cada manifestante tenha em mente que já levam sessenta anos sem interrupção a violência, a humilhação e o desprezo de que têm sido vítimas os palestinos por parte dos israelitas. E que nas suas vozes, nas vozes da multidão que sem dúvida estará presente, irrompa a indignação pelo genocídio, lento mas sistemático, que Israel tem exercido sobre o martirizado povo palestino. E que essas vozes, ouvidas em toda a Europa, cheguem também à Faixa de Gaza e a toda a Cisjordânia. Não esperam menos de nós os que nessas paragens sofrem cada dia e cada noite. Interminavelmente.

Dia 12

IMAGINEMOS

Imaginemos que, nos anos trinta, quando os nazis iniciaram a sua caça aos judeus, o povo alemão teria descido à rua, em grandiosas manifestações que iriam ficar na História, para exigir ao seu governo o fim da perseguição e a promulgação de leis que protegessem todas e quaisquer minorias, fossem elas de judeus, de comunistas, de ciganos ou de homossexuais. Imaginemos que, apoiando essa digna e corajosa ação dos homens e mulheres do país de Goethe, os povos da Europa desfilariam pelas avenidas e praças das suas cidades e uniriam as suas vozes ao coro dos protestos levantados em Berlim, em Munique, em Colónia, em Frankfurt. Já sabemos que nada disto sucedeu nem poderia ter sucedido. Por indiferença, apatia, por cumplicidade tática ou manifesta com Hitler, o povo alemão, salvo qualquer raríssima exceção, não deu um passo, não fez um gesto, não disse uma palavra para salvar aqueles que iriam ser carne de campo de concentração e de forno crematório, e, no resto da Europa, por uma razão ou outra (por exemplo, os fascismos nascentes), uma assumida conivência com os carrascos nazis disciplinaria ou puniria qualquer veleidade de protesto.

Hoje é diferente. Temos liberdade de expressão, liberdade de manifestação e não sei quantas liberdades mais. Podemos sair à rua aos milhares ou aos milhões que a nossa segurança sempre estará assegurada pelas constituições que nos regem, podemos exigir o fim dos sofrimentos de Gaza ou a restituição ao povo palestino da sua soberania e a reparação dos danos morais e materiais sofridos ao longo de sessenta anos, sem piores consequências que os insultos e as provocações da propaganda israelita. As imaginadas manifestações dos anos trinta seriam reprimidas com violência, em algum caso com ferocidade, as nossas, quando muito, contarão com a indulgência dos meios de comunicação social e logo entrarão em ação os mecanismos do olvido. O nazismo alemão não daria um passo atrás e tudo seria igual ao que veio a ser e a História registou. Por sua vez, o exército israelita, esse que o filósofo Yeshayahu Leibowitz, em 1982, acusou de ter uma mentalidade "judeonazi", segue fielmente, cumprindo ordens dos seus sucessivos governos e comandos, as doutrinas genocidas daqueles que torturaram, gasearam e queimaram os seus antepassados. Pode mesmo dizer-se que em alguns aspetos os discípulos ultrapassaram os mestres. Quanto a nós, continuaremos a manifestar-nos.

Dia 13

ÁNGEL GONZÁLEZ

Há um ano, precisamente no dia 12 de janeiro, num hospital de Madrid, morreu Ángel González. Hospitalizado eu próprio em

Lanzarote por causa de uma doença similar à que o levou, atendi a chamada telefónica de um jornal que queria publicar umas palavras sobre a infausta notícia. Em termos que o meu interlocutor mal deve ter ouvido, tão intensa era a minha emoção, disse que havia perdido um amigo que era, ao mesmo tempo, um dos maiores poetas de Espanha. Em sua lembrança deixo hoje aqui um dos seus poemas, que traduzo do espanhol.

Assim parece

Acusado pelos críticos literários de realista,
os meus parentes, em troca, atribuem-me
o defeito contrário;
afirmam que não tenho
sentido algum da realidade.
Sou para eles, sem dúvida, um funesto espetáculo:
analistas de textos, parentes da província,
pelos vistos, a todos defraudei
que lhe vamos fazer!
Citarei alguns casos:
Certas tias devotas não se podem conter,
e choram ao olhar-me.
Outras muito mais tímidas fazem-me arroz-doce,
como quando eu era pequeno,
e sorriem contritas, e dizem-me:
que alto,
se o teu pai te visse...,
e ficam suspensas, sem saber que mais dizer.
No entanto, não ignoro
que os seus gestos ambíguos
dissimulam
uma sincera compaixão irremediável
que brilha humidamente nos seus olhares
e nos seus piedosos dentes postiços de coelho.
E não são só elas.
De noite

a minha velha tia Clotilde regressa da tumba
para agitar diante da minha cara os dedos como
[sarmentos
e repetir em tom admonitório:
De beleza não se come! Que julgas que é a vida?
Por sua parte,
a minha falecida mãe, com voz delgada e triste,
augura para a minha existência um lamentável final:
manicómios, asilos, calvície, blenorragia.
Eu não sei que dizer-lhes, e elas
regressam ao seu silêncio.
O mesmo, igual que então.
Como quando era pequeno.
Parece
que a morte não chegou a passar por nós.

Dia 14

PRESIDENTES

Um, Bush, que sai e que nunca deveria ter entrado, outro, Obama, que está prestes a chegar e oxalá não venha a desiludir-nos, outro, Bartlet, que, não duvido, ficará por muito tempo. A este dedicámos nestes dias, Pilar e eu, algumas horas desfrutando os últimos episódios de *A ala oeste da Casa Branca* a que em Portugal preferiram chamar *Os homens do presidente*, título eminentemente machista, uma vez que algumas das personagens mais importantes da série são mulheres. Jed Bartlet, interpretado por Martin Sheen (lembram-se de *Apocalipse Now*?), é o nome do presidente que temos vindo a acompanhar com um interesse que nunca esmoreceu, tanto pela tensão dramática dos conflitos como também por alguns aspetos didáticos sempre presentes sobre o modo norte-americano de fazer política, quer no bom quer no péssimo. Bartlet chegou ao fim do seu segundo mandato e portanto está de saída. Estamos em plena campanha presidencial, uma campanha em que não têm faltado os golpes baixos, mas que acabará (já o sabemos) com a vitória do melhor dos candidatos, um hispano de ideias claras e ética impecável chamado Mattew Santos. Claro que é irresistível pensar em Barack Obama. Terão os autores da história o dom da profecia? É que entre um hispano e um negro, a diferença não é tão grande.

Dia 15

LAPIDAÇÕES E OUTROS HORRORES

A notícia queima. O mufti da Arábia Saudita, máxima autoridade religiosa do país, acaba de emitir uma *fatua* que permite (permitir é um eufemismo, a palavra exata deveria ser impor) o casamento de meninas na idade de 10 anos. O dito mufti (hei de lembrar-me dele nas minhas orações) explica porquê: porque a decisão é "justa" para as mulheres, ao contrário da *fatua* anteriormente vigente, que havia fixado em 15 anos a idade mínima para o casamento, o que Abdelaziz Al Sheji (esse é o nome) considerava "injusto". Sobre as razões deste "justo" e deste "injusto", nem uma palavra, não se nos diz sequer se as meninas de 10 anos foram consultadas. É certo que a democracia brilha pela inexistência na Arábia Saudita, mas, num caso de tanto melindre, poderia ter-se aberto uma exceção. Enfim, os pedófilos devem estar contentes: a pederastia é legal na Arábia Saudita. Outras notícias que queimam. No Irão foram lapidados dois homens por adultério, no Paquistão cinco mulheres foram enterradas vivas por quererem casar-se pelo civil com homens da sua escolha... Fico por aqui. Não aguento mais.

Dia 19

A OUTRA CRISE

Crise financeira, crise económica, crise política, crise religiosa, crise ambiental, crise energética, se não as enumerei a todas, creio ter enunciado as principais. Faltou uma, principalíssima em minha opinião. Refiro-me à crise moral que arrasa o mundo e dela me permitirei dar alguns exemplos. Crise moral é a que está padecendo o governo israelita, doutra maneira não seria possível entender a crueldade do seu procedimento em Gaza, crise moral é a que vem infetando as mentes dos governantes ucranianos e russos condenando, sem remorsos, meio continente a morrer de frio, crise moral é a da União Europeia, incapaz de elaborar e pôr em ação uma política externa coerente e fiel a uns quantos princípios éticos básicos, crise moral é a que sofrem as pessoas que se aproveitaram dos benefícios corruptores de um capitalismo delinquente e agora se queixam de um desastre que deveriam ter previsto. São apenas alguns exemplos. Sei muito bem que falar de moral e moralidade nos tempos que correm é prestar-se à irrisão dos cínicos, dos oportunistas e dos simplesmente espertos. Mas o que disse está dito, certo de que estas palavras algum fundamento hão de ter. Meta cada um a mão na consciência e diga o que lá encontrou.

Dia 20

OBAMA

A Martin Luther King mataram-no. Quarenta mil polícias velam em Washington para que hoje não suceda o mesmo a Barack Obama. Não sucederá, digo, como se na minha mão estivesse o poder de esconjurar as piores desgraças. Seria como matar duas vezes o mesmo sonho. Talvez todos sejamos crentes desta nova fé política que irrompeu nos Estados Unidos como um tsunami benévolo que tudo vai levar adiante separando o trigo do joio e a palha do grão, talvez afinal continuemos a acreditar em milagres, em algo que venha de fora para salvar-nos no último instante, entre outras coisas, desse outro tsunami que está arrasando o mundo. Camus dizia que se alguém quisesse ser reconhecido bastar-lhe-ia dizer quem é. Não sou tão otimista, pois, em minha opinião, a maior dificuldade está precisamente na indagação de quem somos, nos modos e nos meios para o alcançar. Porém, fosse por simples casualidade, fosse de caso pensado, Obama, nos seus múltiplos discursos e entrevistas, disse tanto de si mesmo, com tanta convicção e aparente sinceridade, que a todos já nos parece conhecê-lo intimamente e desde sempre. O presidente dos Estados Unidos que hoje toma posse resolverá ou intentará resolver os tremendos problemas que o estão esperando, talvez acerte, talvez não, e algo nas suas insuficiências, que certamente terá, vamos ter de lhe perdoar, porque errar é próprio do homem como por experiência tivemos de aprender à nossa custa. O que não lhe perdoaríamos jamais é que viesse a negar, deturpar ou falsear uma só das palavras que tenha pronunciado ou escrito. Poderá não conseguir levar a paz ao Médio Oriente, por exemplo, mas não lhe permitiremos que cubra o fracasso, se tal se der, com um discurso enganoso. Sabemos tudo de discursos enganosos, senhor presidente, veja lá no que se mete.

Dia 21

DONDE?

Donde saiu este homem? Não peço que me digam onde nasceu, quem foram os seus pais, que estudos fez, que projeto de vida desenhou para si e para a sua família. Tudo isso mais ou menos o sabemos, tenho aí a sua autobiografia, livro sério e sincero, além de inteligentemente escrito. Quando pergunto donde saiu Barack Obama estou a manifestar a minha perplexidade por este tempo que vivemos, cínico, desesperançado, sombrio, terrível em mil dos seus aspectos, ter gerado uma pessoa (é um homem, podia ser uma mulher) que levanta a voz para falar de valores, de responsabilidade pessoal e coletiva, de respeito pelo trabalho, também pela memória daqueles que nos antecederam na vida. Estes conceitos que alguma vez foram o cimento da melhor convivência humana sofreram por muito tempo o desprezo dos poderosos, esses mesmos que, a partir de hoje (tenham-no por certo), vão vestir à pressa o novo figurino e clamar em todos os tons: "Eu também, eu também". Barack Obama, no seu discurso, deu-nos razões (as razões) para que não nos deixemos enganar. O mundo pode ser melhor do que isto a que parecemos ter sido condenados. No fundo, o que Obama nos veio dizer é que outro mundo é possível. Muitos de nós já o vínhamos dizendo há muito. Talvez a ocasião seja boa para que tentemos pôr-nos de acordo sobre o modo e a maneira. Para começar.

Dia 22

ISRAEL E OS SEUS DERIVADOS

O processo de extorsão violenta dos direitos básicos do povo palestino e do seu território por parte de Israel tem prosseguido imparável perante a cumplicidade ou a indiferença da mal chamada comunidade internacional. O escritor israelita David Grossman, cujas críticas, em todo o caso sempre cautelosas, ao governo do seu país têm vindo a subir de tom, escreveu num artigo publicado há algum tempo que Israel não conhece a compaixão. Já o sabíamos. Com a Torá como pano de fundo, ganha pleno significado aquela terrível e inesquecível imagem de um militar judeu partindo à martelada os ossos da mão a um jovem palestino capturado na primeira Intifada por atirar pedras aos tanques israelitas. Menos mal que não a cortou. Nada nem ninguém, nem sequer organizações internacionais que teriam essa obrigação, como é o caso da ONU, conseguiram, até hoje, travar as ações mais do que repressivas, criminosas, dos sucessivos governos de Israel e das suas forças armadas contra o povo palestino. Visto o que se passou em Gaza, não parece que a situação tenda a melhorar. Pelo contrário. Enfrentados à heroica resistência palestina, os governos israelitas modificaram certas estratégias iniciais suas, passando a considerar que todos os meios podem e devem ser utilizados, mesmo os mais cruéis, mesmo os mais arbitrários, desde os assassinatos seletivos aos bombardeamentos indiscriminados, para dobrar e humilhar a já lendária coragem do povo palestino, que todos os dias vai juntando parcelas à interminável soma dos seus mortos e todos os dias os ressuscita na pronta resposta dos que continuam vivos.

Dia 23

QUÊ?

As perguntas: "Quem és?" ou "Quem sou?" têm respostas fáceis: a pessoa conta a sua vida e assim se apresenta aos outros. A pergunta que não tem resposta formula-se de outra maneira: "Que sou eu?". Não "quem" mas "quê". Aquele que fizer essa pergunta enfrenta-se com uma página em branco e o pior é que não será capaz de escrever uma palavra que seja.

Dia 26

CLINTON?

Que Clinton? O marido, que já passou à história? Ou a mulher, cuja história, em minha opinião, só agora vai começar, por muito senadora que tenha sido? Fiquemo-nos com a mulher. Convidada por Barack Obama para secretária de Estado, terá, pela primeira vez, a sua grande oportunidade de mostrar ao mundo e a si mesma o que realmente vale. Obviamente também a teria, e por maioria de razões, se tivesse ganho a eleição para a presidência dos Estados Unidos. Não ganhou. Em todo o caso, como se diz na minha terra, quem não tem cão, caça com gato, e creio que todos estaremos de acordo em que a secretária de Estado norte-americana gato não é, mas tigre, felinos um e outro. Apesar de a pessoa nunca me ter sido especialmente simpática, desejo a Hillary Diane Rodham os maiores triunfos, o primeiro dos quais será manter-se sempre à altura das suas responsabilidades e da dignidade que a função, por princípio, exige.

O que aí fica não é mais que uma introdução ao tema que decidi tratar hoje. O leitor atento terá reparado que escrevi o nome completo da nova secretária de Estado, isto é, Hillary Diane Rodham. Não foi por acaso. Fi-lo para deixar claro que o apelido Clinton não lhe foi dado no nascimento, para mostrar que o seu apelido não é Clinton e que havê-lo tomado, fosse por convenção social, fosse por conveniência política, em nada alterou a verdade das coisas: chama-se Hillary Diane Rodham ou, no caso de preferir abreviar, Hillary Rodham, muito mais atrativo que o gasto e cansado Clinton. Nem um nem outro me conhecem, nunca leram uma linha minha, mas permito-me deixar aqui um conselho, não ao ex-presidente, que nunca aos conselhos deu grande atenção, sobretudo se eram bons. Falo diretamente à secretária de Estado. Deixe o apelido Clinton, que já se parece muito a um casaco coçado e com os cotovelos rotos, recupere o seu apelido, Rodham, que suponho ser de seu pai. Se ele ainda é vivo, já pensou no orgulho que sentiria? Seja uma boa filha, dê essa alegria à família. E, de caminho, a todas as mulheres que consideram que a obrigação de levar o apelido do marido foi e continua a ser uma forma mais, e não a menos importante, de diminuição de identidade pessoal e de acentuar a submissão que sempre se esperou da mulher.

Dia 27

RODHAM

O atrevimento não teve outras consequências que o (in)esperado interesse que despertou o blog de ontem sobre Hillary Clinton e a sugestão de que recupere o seu autêntico apelido, Rodham. Não houve protestos diplomáticos, a Secretaria de Estado não emitiu um comunicado nem consta que no *The New York Times* se tenha feito eco do meu escrito. Amanhã mudarei de assunto. Entretanto, descanso e contemplo.

Dia 28

GERVASIO SÁNCHEZ

Os olhos que tenho não me têm servido de muito. Vejo as letras que vou lançando, uma após outra, à página branca do computador, formo palavras que, melhor ou pior, vão expressando a quem me lê certas opiniões, certas ideias a que chamo minhas, visões do mundo lhes chamaria retoricamente se o mundo se deixasse conhecer por tão pouco. Muito do que vejo, só o vejo porque outros o viram antes. Dói-me até ao remorso ter sido tão poucas vezes na minha vida aquele que viu. Em rigor, não vivo numa bolha protetora, mas dou-me conta de que estou rodeado de pessoas apostadas em poupar-me a choques que, dizem, e talvez alguma razão tenham, poderiam afetar negativamente o meu trabalho. Não sei. O que sei, sim, é que ao muro de que me sinto às vezes rodeado, afinal bem mais frágil do que parecia, o acometem frequentemente, com particular violência, as investidas brutais da realidade. O livro recente a que o fotógrafo Gervasio Sánchez deu o título de *Sarajevo* é um desses casos. Aqui lhe manifesto a minha profunda gratidão por me ter permitido ver com os seus olhos, já que os meus para tão pouco me têm servido. E agradeço-lhe também a lealdade pessoal e profissional que o levou a escrever que "a guerra não se pode contar". Para que não tenhamos ilusões, nós os que escrevemos.

Dia 29

TESTEMUNHO

Parece que a coisa vai bem encaminhada. O presidente dos Estados Unidos, que não se chama Messias, mas Barack Obama, assinou ontem uma lei denominada de Equidade ou Igualdade Social. A "responsável" direta deste documento foi uma mulher, uma trabalhadora que, tendo descoberto que havia levado toda a vida a ganhar menos exatamente por ser mulher, apresentou queixa contra a empresa e ganhou o pleito. Como numa prova desportiva de estafetas, esta mulher branca, chamada Lilly Ledbetter, passou o testemunho ao corredor seguinte, um negro com nome muçulmano, 44º presidente da nação norte-americana. De repente, o mundo parece-me mais limpo, mais prometedor. Por favor, não me roubem esta esperança.

FEVEREIRO DE 2009

Dia 2

PÃO

Terá o digníssimo procurador público de Badalona lido *Os miseráveis* de Victor Hugo, ou pertence àquela parte da humanidade que crê que a vida se aprende nos códigos? A pergunta é obviamente retórica e, se a faço, é só para facilitar-me a entrada na matéria. Assim, o leitor ilustrado já ficou a saber que o dito procurador poderia ser, com inteira justiça, uma das figuras que Victor Hugo plantou no seu livro, a de acusador público. O protagonista da história, Jean Valjean (soa-lhe este nome, senhor procurador?), foi acusado de ter roubado (e roubou mesmo) um pão, crime que lhe custou quase uma vida de reclusão por via de sucessivas condenações motivadas por repetidas tentativas de fuga, mais logradas umas que outras. Jean Valjean sofria de uma enfermidade que ataca muito a população dos cárceres, a ânsia de liberdade. O livro é enorme, daqueles de que hoje se diz terem páginas a mais, e certamente não interessará ao senhor procurador que provavelmente já não está em idade de o ler: *Os miseráveis* são para ler na juventude, depois disso vem o cinismo e já são poucos os adultos que tenham paciência para interessar-se pela miséria e pelas desventuras de Jean Valjean. Com tudo isto, também pode suceder que eu esteja equivocado: talvez o senhor procurador tenha lido mesmo *Os miseráveis*... Se assim é, permita-me uma pergunta: como foi que ousou (se o verbo lhe parecer demasiado forte use qualquer dos equivalentes) pedir um ano e meio de prisão para o mendigo que em Badalona tentou roubar uma baguette, e digo tentou porque só conseguiu levar metade? Como foi? Será porque, em vez de um cérebro, tem no seu crânio, como único mobiliário, um código? Aclare-me, por favor, para que eu comece já a preparar a minha defesa se alguma vez vier a ter pela frente um exemplar da sua espécie.

Dia 3

DAVOS

Tenho lido que a reunião de Davos este ano não foi precisamente um êxito. Faltou muita gente, a sombra da crise gelou sem piedade os sorrisos, os debates foram faltos de real interesse, talvez porque ninguém soubesse bem o que dizer, temendo que os factos concretos do dia seguinte viessem a pôr em ridículo as análises e as propostas com muito esforço engendradas para corresponderem, nem que fosse por uma mera casualidade, às mais que modestas expectativas criadas. Sobretudo fala-se muito de uma inquietante falta de ideias, indo até ao ponto de admitir-se que o "espírito de Davos" tenha morrido. Pessoalmente nunca me apercebi de que pairasse por ali um "espírito", ou algo mais ou menos merecedor dessa designação. Quanto à alegada falta de ideias, surpreende-me que só agora se lhe tenha feito referência, uma vez que ideias, o que, com todo o respeito, chamamos ideias, nunca dali saiu uma só para amostra. Davos foi durante trinta anos a academia neo-con por excelência e, tanto quanto posso recordar, nem uma só voz se ouviu no paradisíaco hotel suíço para apontar os caminhos perigosos que o sistema financeiro e a economia haviam tomado. Quando já se estavam semeando ventos ninguém quis ver que vinham aí as tempestades. E agora dizem-nos que não há ideias. Vamos ver se elas surgem, quando o pensamento único não tem mais mentiras para oferecer-nos.

Dia 4

BANQUEIROS

Que fazer com estes banqueiros? Conta-se que nos primórdios da banca, aí pelos séculos XVI e XVII, os banqueiros, pelo menos na Europa Central, eram no geral calvinistas, gente com um código moral exigente que, durante um tempo, teve o louvável escrúpulo de aplicar à sua profissão. Tempo que terá sido breve, haja vista o infinito poder corruptor do dinheiro. Enfim, a banca mudou muito e sempre para pior. Agora, em plena crise económica e do sistema financeiro mundial, começamos a ter a incómoda sensação de que quem se irá safar melhor da tormenta serão precisamente os senhores banqueiros. Em toda a parte, os governos, seguindo a lógica do absurdo, correram a salvar a banca de apertos de que ela tinha sido, em grande parte, responsável. Milhões de milhões têm saído dos cofres dos Estados (ou do bolso dos contribuintes) para pôr a flutuar centenas de grandes bancos, de modo a retomarem uma das suas principais funções, a creditícia. Parece que há sinais graves de que os banqueiros acenaram com as orelhas, considerando abusivamente que aquele dinheiro, por estar na sua posse, lhes pertence, e, como se isto não fosse já bastante, reagem com frieza à pressão dos governos para que ele seja posto rapidamente em circulação, única maneira de salvar da falência milhares de empresas e do desemprego milhões de trabalhadores. Está claro que os banqueiros não são gente de confiança, a prova é a facilidade com que mordem a mão de quem lhes dá de comer.

Dia 5

ADOLF EICHMANN

No princípio da década de 60, quando trabalhava numa editorial de Lisboa, publiquei um livro com o título de *Seis milhões de mortos* em que era relatada a ação de Adolf Eichmann como principal executor da operação de extermínio de judeus (seis milhões foram) levada a cabo de modo sistemático, quase científico, nos campos de concentração nazis. Crítico como tenho sido sempre dos abusos e repressões exercidos por Israel sobre o povo palestino, o meu principal argumento dessa condenação foi e continua a ser de ordem moral: os inenarráveis sofrimentos infligidos aos judeus ao longo da História e, em particular, no quadro da chamada "solução final", deveriam ser para os israelitas de hoje (dos últimos sessenta anos para maior exatidão) a melhor das razões para não imitarem na terra palestina os seus carrascos. Do que Israel necessita realmente é de uma revolução moral. Firme nesta convicção nunca neguei o Holocausto, somente me permiti estender essa noção aos vexames, às humilhações, às violências de todo o tipo a que o povo palestino tem estado submetido. É o meu direito e os factos se têm encarregado de me dar razão.

Sou um escritor livre que se exprime tão livremente quanto a organização do mundo que temos lho permite. Não disponho de tanta informação sobre este assunto como aquela que está ao alcance do papa e da Igreja Católica em geral, o que conheço destas matérias desde o princípio dos anos 60 me basta. Parece-me portanto altamente reprovável o comportamento ambíguo do Vaticano em toda esta questão dos bispos de obediência Lefebvre, primeiro excomungados e agora limpos de pecado por decisão papal. Ratzinger nunca foi pessoa das minhas simpatias intelectuais. Vejo-o como alguém que se esforça por disfarçar e ocultar o que efetivamente pensa. Em membros da Igreja não é procedimento raro, mas a um papa até um ateu como eu tem o direito de exigir frontalidade, coerência e consciência crítica. E autocrítica.

Dia 6

SAMPAIO

Gostei de o ver. É o mesmo homem, sóbrio, inteligente, sensível. Há vinte anos estivemos juntos na campanha para as eleições autárquicas que então se iam celebrar e que ganhámos, ele para o exercício inovador e competente da sua função de presidente da Câmara Municipal de Lisboa, eu para o desempenho pouco afortunado do cargo de presidente de uma Assembleia Municipal de má memória. Calcorreámos corajosamente ruas, praças e mercados de Lisboa pedindo votos, mesmo quando, creio que por pudor, não o fazíamos explicitamente. Como já ficou dito, ganhámos, mas quem ganhou realmente foi a cidade de Lisboa que pôde rever-se com orgulho no seu máximo representante na Câmara. Tivemo-lo depois como presidente da República durante dois mandatos em que deixou a marca de uma personalidade nascida para o diálogo civilizado, para a procura livre de consensos, sem nunca esquecer que a política, ou é serviço da comunidade, serviço leal e coerente, ou acaba por tornar--se em mero instrumento de interesses pessoais e partidários nem sempre limpos. Ficámos de ver-nos com tempo e vagar, promessa mútua que espero ver cabalmente cumprida no futuro, apesar da intensa atividade no projeto da Aliança de Civilizações, de que é Alto Representante. Com Jorge Sampaio não há palavras falsas, podemos fiar-nos no que diz porque é o retrato do que pensa.

Dia 9

VATICANADAS

Ou vaticanices. Não suporto ver os senhores cardeais e os senhores bispos trajados com um luxo que escandalizaria o pobre Jesus de Nazaré, mal tapado com a sua túnica de péssimo pano, por muito inconsútil que tivesse sido e certamente não era, sem recordar o delirante desfile de moda eclesiástica que Fellini, genialmente, meteu em *Oito e meio* para seu e nosso gozo. Estes senhores supõem-se investidos de um poder que só a nossa paciência tem feito durar. Dizem-se representantes de Deus na terra (nunca o viram e não têm a menor prova da sua existência) e passeiam-se pelo mundo suando hipocrisia por todos os poros. Talvez não mintam sempre, mas cada palavra que dizem ou escrevem tem por trás outra palavra que a nega ou limita, que a disfarça ou perverte. A tudo isto muitos de nós nos havíamos mais ou menos habituado antes de passarmos à indiferença, quando não ao desprezo. Diz-se que a assistência aos atos religiosos vem diminuindo rapidamente, mas eu permito-me sugerir que também serão em menor número até aquelas pessoas que, embora não sendo crentes, entravam numa igreja para desfrutar da beleza arquitetónica, das pinturas e esculturas, enfim, de um cenário que a falsidade da doutrina que o sustenta afinal não merece.

Os senhores cardeais e os senhores bispos, incluindo obviamente o papa que os governa, não andam nada tranquilos. Apesar de viverem como parasitas da sociedade civil, as contas não lhes saem. Perante o lento mas implacável afundamento desse *Titanic* que foi a Igreja Católica, o papa e os seus acólitos, saudosos do tempo em que imperavam, em criminosa cumplicidade, o trono e o altar, recorrem agora a todos os meios, incluindo o da chantagem moral, para imiscuir-se na governação dos países, em particular aqueles que, por razões históricas e sociais, ainda não ousaram cortar as sujeições que persistem em atá-los à instituição vaticana. Entristece-me esse temor (religioso?) que parece paralisar o governo espanhol sempre que tem de enfrentar-se não só a enviados papais mas também aos seus "papas" domésticos. E digo ainda mais: como pessoa, como intelectual, como cidadão, ofende-me a displicência com que o papa e a sua gente tratam o governo de Rodriguez Zapatero, esse que o povo espanhol elegeu com inteira consciência. Pelos vistos, parece que alguém terá de atirar um sapato a um desses cardeais.

Dia 10

SIGIFREDO

Sigifredo López é o nome de um deputado colombiano sequestrado durante sete anos pelas Farc e que acaba de recuperar a liberdade graças à coragem e à persistência, entre outros, da senadora Piedad Córdoba, principal dirigente do movimento social e humanitário "Colombianos pela paz". Graças a uma circunstância que parecia impossível dar-se, Sigifredo López, que fazia parte de um grupo de onze deputados sequestrados, dez dos quais foram, não há muito tempo, assassinados pela organização terrorista, pôde escapar ao massacre. Agora está livre. Na conferência de imprensa logo realizada em Cali, entendeu manifestar a sua gratidão a Piedad Córdoba em termos que comoveram o mundo. Aqui nos chegaram essas palavras e essas imagens estremecedoras. Nunca pude alardear de firmeza emocional. Choro com facilidade, e não por causa da idade. Mas desta vez fui obrigado a romper em soluços quando Sigifredo, para expressar a sua infinita gratidão a Piedad Córdoba, a comparou à mulher do médico do *Ensaio sobre a cegueira*. Ponham-se no meu lugar, milhares de quilómetros me separavam daquelas imagens e daquelas palavras e o pobre de mim, desfeito em lágrimas, não teve outro remédio que refugiar-se no ombro de Pilar e deixá-las correr. Toda a minha existência de homem e de escritor ficou justificada por aquele momento. Obrigado, Sigifredo.

Dia 11

ATEUS

Enfrentemos os factos. Há anos (muitos já), o famoso teólogo alemão Hans Küng escreveu esta verdade: "As religiões nunca serviram para aproximar os seres humanos uns dos outros". Jamais se disse nada tão verdadeiro. Aqui não se nega (seria absurdo pensá-lo) o direito a adotar cada um a religião que mais lhe apeteça, desde as mais conhecidas às menos frequentadas, a seguir os seus preceitos ou dogmas (quando os haja), nem sequer se questiona o recurso à fé enquanto justificação suprema e, por definição (como por de mais sabemos), cerrada ao raciocínio mais elementar. É mesmo possível que a fé remova montanhas, não há informação de que tal tenha acontecido alguma vez, mas isso nada prova, dado que Deus nunca se dispôs a experimentar os seus poderes nesse tipo de operação geológica. O que, sim, sabemos é que as religiões, não só não aproximam os seres humanos, como vivem, elas, em estado de permanente inimizade mútua, apesar de todas as arengas pseudoecuménicas que as conveniências de uns e outros considerem proveitosas por ocasionais e passageiras razões de ordem tática. As coisas são assim desde que o mundo é mundo e não se vê nenhum caminho por onde possam vir a mudar. Salvo a óbvia ideia de que o planeta seria muito mais pacífico se todos fôssemos ateus. Claro que, sendo a natureza humana isto que é, não nos faltariam outros motivos para todos os desacordos possíveis e imagináveis, mas ficaríamos livres dessa ideia infantil e ridícula de crer que o nosso deus é o melhor de quantos deuses andam por aí e de que o paraíso que nos espera é um hotel de cinco estrelas. E mais, creio que reinventaríamos a filosofia.

Dia 12

DIZEMOS

Dizemos aos confusos, Conhece-te a ti mesmo, como se conhecer-se a si mesmo não fosse a quinta e mais difícil operação das aritméticas humanas, dizemos aos abúlicos, Querer é poder, como se as realidades bestiais do mundo não se divertissem a inverter todos os dias a posição relativa dos verbos, dizemos aos indecisos, Começar pelo princípio, como se esse princípio fosse a ponta sempre visível de um fio mal enrolado que bastasse puxar e ir puxando até chegarmos à outra ponta, a do fim, e como se, entre a primeira e a segunda, tivéssemos tido nas mãos uma linha lisa e contínua em que não havia sido preciso desfazer nós nem desenredar emanharados, coisa impossível de acontecer na vida dos novelos, e, se uma outra frase de efeito é permitida, nos novelos da vida.

Dia 13

PENAS CHINESAS

Meter uma lagosta viva em água a ferver e cozinhá-la ali é uma velha prática culinária no mundo ocidental. Parece que se a lagosta já for morta para o banho, o sabor final será diferente, para pior. Há também quem diga que a rubicunda cor vermelha com que o crustáceo sai da panela se deve justamente à altíssima temperatura da água. Não sei, falo por ouvir dizer, sou incapaz de estrelar convenientemente um ovo. Um dia vi num documentário como alimentam os frangos, como os matam e destroçam, e pouco me faltou para vomitar. E outro dia, que não se me apagou da memória, li numa revista um artigo sobre a utilidade dos coelhos nas fábricas de cosméticos, ficando a saber que as provas sobre qualquer possível irritação causada pelos ingredientes dos champôs se fazem por aplicação direta nos olhos desses animais, segundo o estilo do negregado Dr. Morte, que injetava petróleo no coração das suas vítimas. Agora, uma curta notícia aparecida nos jornais informa-me de que, na China, as penas de aves destinadas a recheio de almofadas de dormir são arrancadas assim mesmo, ao vivo, depois limpas, desinfetadas e exportadas para delícia das sociedades civilizadas que sabem o que é bom e está na moda. Não comento, não vale a pena, estas penas bastam.

Dia 16

MAUS-TRATOS

Sou em geral conhecido como pessimista. Ao contrário do que alguma vez possa ter parecido, dada a insistência com que afirmo o meu radical ceticismo sobre a possibilidade de qualquer melhoria efetiva e substancial da espécie dentro do que em tempos não muito distantes se chamou progresso moral, preferiria ser otimista, mesmo que fosse apenas por ainda conservar a esperança de que o Sol, por ter nascido todos os dias até hoje, nasça também amanhã. Nascerá, mas lá chegará também o dia em que ele se acabe. O motivo destas reflexões de abertura é o mau-trato conjugal ou paraconjugal, a insana perseguição da mulher pelo homem, seja ele marido, noivo ou amante. A mulher, historicamente submetida ao poder masculino, foi reduzida a algo sem mais préstimo que o de ser criada do homem e simples restauradora da sua força de trabalho, e, mesmo agora, quando a vemos por toda a parte, liberta de algumas ataduras, exercer atividades que a vaidade masculina presumia de exclusivas do varão, parece que não queremos dar-nos conta de que a esmagadora maioria das mulheres continua a viver num sistema de relações pouco menos que medievais. São espancadas, brutalizadas sexualmente, escravizadas por tradições, costumes e obrigações que elas não escolheram e que continuam a mantê-las submetidas à tirania masculina. E, quando chega a hora, matam-nas.

 A escola finge ignorar esta realidade, o que não pode surpreender se pensarmos que a capacidade formativa do ensino se encontra reduzida ao zero absoluto. A família, lugar por excelência de todas as contradições, ninho perfeito de egoísmos, empresa em falência permanente, está a viver a mais grave crise de toda a sua história. Os Estados partem do exato princípio de que todos teremos de morrer e de que as mulheres não poderiam ser exceção. Para algumas imaginações delirantes, morrer às mãos do esposo, do noivo ou do amante, a tiro ou à facada, talvez seja mesmo a maior prova de amor mútuo, ele matando, ela morrendo. Às negruras da mente humana tudo é possível.

 Que fazer? Outros o saberão embora não o tenham dito. Uma vez que a delicada sociedade em que vivemos se escandalizaria com medidas de exclusão social permanente para este tipo de crimes, ao menos que se agravem até ao máximo as penas de prisão, excluindo decisivamente as reduções de pena por bom comportamento. Por bom comportamento, por favor, não me façam rir.

Dia 17

A MORTE À PORTA DE CASA

À porta de Lanzarote, à porta da casa que, se a sorte ajudasse, talvez pudesse vir a ser a sua nova casa. A vinte metros da costa, em Costa Teguise, quando certamente já trocavam uns com os outros risos e palavras de alegria por terem conseguido chegar a bom porto, a rebentação fez virar o caiuco. Haviam atravessado os cem quilómetros que separam a ilha da costa africana e vieram morrer a vinte metros da salvação. Dos mais de trinta imigrantes a quem a necessidade extrema tinha obrigado a enfrentar os perigos do mar, em sua maioria jovens e adolescentes, vinte e quatro morreram afogados, entre eles uma mulher grávida e algumas crianças de poucos anos. Seis salvaram-se graças à coragem e à abnegação de dois surfistas que se lançaram à água e os livraram de uma morte que sem a sua intervenção teria sido inevitável.

Este é, nas palavras mais simples e diretas que pude encontrar, o quadro do que aconteceu aqui. Não sei que mais poderia dizer. Hoje faltam-me as palavras e sobram as emoções. Até quando?

Dia 18

QUE FAZER COM OS ITALIANOS?

Reconheço que a pergunta poderá soar de maneira algo ofensiva a um ouvido delicado. Que é isto? Um simples particular a interpelar um povo inteiro, a pedir-lhe contas pelo uso de um voto que, para gáudio de uma maioria de direita cada vez mais insolente, acabou por fazer de Berlusconi amo e senhor absoluto

147

de Itália e da consciência de milhões de italianos? Ainda que, em verdade, quero dizê-lo já, o mais ofendido seja eu. Sim, precisamente eu. Ofendido no meu amor por Itália, pela cultura italiana, pela história italiana, ofendido, inclusive, na minha pertinaz esperança de que o pesadelo venha a ter um fim e de que a Itália possa retomar o exaltador espírito verdiano que foi, durante um tempo, a sua melhor definição. E que não me acusem de estar a misturar gratuitamente música e política, qualquer italiano culto e honrado sabe que tenho razão e porquê.

Acaba de chegar aqui a notícia da demissão de Walter Veltroni. Bem-vinda seja, o seu Partido Democrático começou como uma caricatura de partido e acabou, sem palavra nem projeto, como um convidado de pedra na cena política. As esperanças que nele depositámos foram defraudadas pela sua indefinição ideológica e pela fragilidade do seu carácter pessoal. Veltroni é responsável, certamente não o único, mas na conjuntura atual, o maior, pelo debilitamento de uma esquerda de que chegou a apresentar-se como salvador. Paz à sua alma.

Nem tudo foi perdido, porém. É o que nos vêm dizer o escritor Andrea Camilleri e o filósofo Paolo Flores d'Arcais num artigo publicado recentemente no *El País*. Há um trabalho a fazer juntamente com os milhões de italianos que já perderam a paciência vendo o seu país a ser arrastado em cada dia que passa à irrisão pública. O pequeno partido de Antonio Di Pietro, o ex-magistrado de Mãos Limpas, pode tornar-se no revulsivo de que a Itália necessita para chegar a uma catarse coletiva que desperte para a ação cívica o melhor da sociedade italiana. É a hora. Esperemos que o seja.

Dia 19

SUSI

Pudesse eu, e fecharia todos os zoológicos do mundo. Pudesse eu, e proibiria a utilização de animais nos espetáculos de circo. Não devo ser o único a pensar assim, mas arrisco o protesto, a indignação, a ira da maioria a quem encanta ver animais atrás de grades ou em espaços onde mal podem mover-se como lhes pede a sua natureza. Isto no que toca aos zoológicos. Mais deprimentes do que esses parques, só os espetáculos de circo que conseguem a proeza de tornar ridículos os patéticos cães vestidos de saias, as focas a bater palmas com as barbatanas, os cavalos empenachados, os macacos de bicicleta, os leões saltando arcos, as mulas treinadas para perseguir figurantes vestidos de preto, os elefantes mal equilibrados em esferas de metal móveis. Que é divertido, as crianças adoram, dizem os pais, os quais, para completa educação dos seus rebentos, deveriam levá-los também às sessões de treino (ou de tortura?) suportadas até à agonia pelos pobres animais, vítimas inermes da crueldade humana. Os pais também dizem que as visitas ao zoológico são altamente instrutivas. Talvez o tivessem sido no passado, e ainda assim duvido, mas hoje, graças aos inúmeros documentários sobre a vida animal que as televisões passam a toda a hora, se é educação que se pretende, ela aí está à espera.

Perguntar-se-á a que propósito vem isto, e eu respondo já. No zoológico de Barcelona há uma elefanta solitária que está morrendo de pena e das enfermidades, principalmente infeções intestinais, que mais cedo ou mais tarde atacam os animais privados de liberdade. A pena que sofre, não é difícil imaginar, é consequência da recente morte de uma outra elefanta que com a Susi (este é o nome que puseram à triste abandonada) partilhava num mais do que reduzido espaço. O chão que ela pisa é de cimento, o pior para as sensíveis patas destes animais que talvez ainda tenham na memória a macieza do solo das savanas africanas. Eu sei que o mundo tem problemas mais graves que estar agora a preocupar-se com o bem-estar de uma elefanta, mas a boa reputação de que goza Barcelona comporta obrigações, e esta, ainda que possa parecer um exagero meu, é uma delas. Cuidar de Susi, dar-lhe um fim de vida mais digno que ver-se acantonada num espaço reduzidíssimo e ter de pisar esse chão do inferno que para ela é o cimento. A quem devo apelar? À direção do zoológico? À Câmara? À Generalitat?

Dia 20
PACO

Ibañez, claro. A esta voz reconhecê-la-ia em qualquer circunstância e em qualquer lugar onde me afagasse os ouvidos. A esta voz conheço-a desde que, no princípio dos anos 70, um amigo me enviou de Paris um disco seu, um vinil que o tempo e o progresso tecnológico puseram materialmente fora de moda, mas que guardo como um tesouro sem preço. Não exagero, para mim, naqueles anos ainda de opressão em Portugal, esse disco que me pareceu mágico, quase transcendente, trouxe-me o resplendor sonoro da melhor poesia espanhola e a voz (essa inconfundível voz de Paco) o veículo perfeito, o veículo por excelência da mais profunda fraternidade humana. Hoje, quando trabalhava na biblioteca, Pilar pôs-nos a ouvir a última gravação dos poetas andaluzes. Interrompi o que estava a escrever e entreguei-me ao prazer do momento e à recordação daquele inesquecível descobrimento. Com a idade (que alguma coisa há de ter, e tem, de bom) a voz de Paco tem vindo a ganhar um aveludado particular, capacidades expressivas novas e uma calidez que chega ao coração. Amanhã, sábado, Paco Ibañez cantará em Argelès-sur-mer, na costa da Provença, em homenagem à memória dos republicanos espanhóis, entre eles seu pai, que ali sofreram tormentos, humilhações, maus-tratos de todo o tipo, no campo de concentração montado pelas autoridades francesas. A *douce France* foi para eles tão amarga quanto o seria o pior dos inimigos. Que a voz de Paco possa pacificar o eco daqueles sofrimentos, que seja capaz de abrir caminhos de fraternidade autêntica no espírito daqueles que o escutem. Bem o necessitamos todos.

Dia 22
CARTA A ANTONIO MACHADO

Antonio Machado morreu hoje há setenta anos. No cemitério de Collioure, onde os seus restos repousam, um marco de correio recebe todos os dias cartas que lhe são escritas por pessoas dotadas de um infatigável amor que se negam a aceitar que o poeta de "Campos de Castilla" esteja morto. Têm razão, poucos estão tão vivos. Com o texto que se segue, escrito por ocasião do 50º aniversário da morte de Machado, e para o Congresso Internacional que teve lugar em Turim, organizado por Pablo Luis Ávila e Giancarlo Depretis, tomo o meu modesto lugar na fila. Uma carta mais para Antonio Machado.

Lembro-me, tão nitidamente como se fosse hoje, de um homem que se chamou Antonio Machado. Nesse tempo eu tinha catorze anos e ia à escola para aprender um ofício que de pouco me viria a servir. Havia guerra em Espanha. Aos combatentes de um lado deram-lhes o nome de vermelhos, ao passo que os do outro lado, pelas bondades que deles ouvia contar, deviam ter uma cor assim como do céu quando faz bom tempo. O ditador do meu país gostava tanto desse exército azul que deu ordem aos jornais para publicarem as notícias de modo que fizessem crer aos ingénuos que os combates sempre terminavam com vitórias dos seus amigos. Eu tinha um mapa onde espetava bandeirinhas feitas com alfinetes e papel de seda. Era a linha da frente. Este facto prova que conhecia mesmo Antonio Machado, embora sem o ter lido, o que é desculpável se levarmos em conta a minha pouca idade. Um dia, ao perceber que andava a ser ludibriado pelos oficiais do exército português que tinham a seu cargo a censura à imprensa, atirei fora o mapa e as bandeiras. Deixei-me levar por uma atitude irreflectida, de impaciência juvenil, que Antonio Machado não merecia e de que hoje me arrependo. Os anos foram passando. Em certa altura, não me lembro quando nem como, descobri que o tal homem era poeta, e tão feliz me senti que, sem nenhuns propósitos de vanglória futura, me pus a ler tudo quanto escreveu. Por essa mesma ocasião, soube que já tinha morrido, e, naturalmente, fui colocar uma bandeira em Collioure. É tempo, se não me engano, de espetar essa bandeira no coração de Espanha. Os ossos podem ficar onde estão.

Dia 24

ESQUERDA

Temos razão, a razão que assiste a quem propõe que se construa um mundo melhor antes que seja demasiado tarde, porém, ou não sabemos transmitir às pessoas o que é substantivo nas nossas ideias, ou chocamos com um muro de desconfianças, de preconceitos ideológicos ou de classe que, se não conseguem paralisar-nos completamente, acabam, no pior dos casos, por suscitar em muitos de nós dúvidas, perplexidades, essas sim paralisadoras. Se o mundo alguma vez conseguir ser melhor, só o terá sido por nós e connosco. Sejamos mais conscientes e orgulhemo-nos do nosso papel na História. Há casos em que a humildade não é boa conselheira. Que se pronuncie bem alto a palavra Esquerda. Para que se ouça e para que conste.

Escrevi estas reflexões para um folheto eleitoral da Esquerda Unida de Euzkadi, mas escrevi-as pensando também na esquerda do meu país, na esquerda em geral. Que, apesar do que se está passando no mundo, continua sem levantar a cabeça. Como se não tivesse razão.

Dia 25

JUSTIÇAS

No dia de 22 de julho de 2005, um cidadão brasileiro, Jean Charles de Menezes, de profissão eletricista, foi assassinado em Londres, numa estação de metro, por agentes da polícia metropolitana que o confundiram, diz-se, com um terrorista. Entrou numa carruagem, sentou-se tranquilamente, parece que chegou mesmo a abrir o jornal gratuito que havia recolhido na estação, quando os polícias irromperam e o arrastaram para o cais. Não o detiveram, não o prenderam, derrubaram-no violentamente e dispararam-lhe dez balas, sete das quais na cabeça. Desde o primeiro dia, a Scotland Yard não fez outra coisa que criar obstáculos à investigação. Não houve julgamento. A procuradoria impediu que os polícias fossem incriminados e o juiz proibiu o júri de pronunciar uma sentença condenatória. Já sabem, se algum dia lhes aparecer por aí uma peruca branca, dessas que aparecem nos filmes, digam ao portador o que as pessoas honestas pensam destas justiças.

Dia 26

CÃO-D'ÁGUA

Quando Camões apareceu por aqui, vai fazer catorze anos, com a sua pelagem negra e a exclusiva gravata branca que o tem distinguido de qualquer outro exemplar da espécie canina, todos os humanos da casa se pronunciaram sobre a suposta raça do recém-chegado: um caniche. Fui o único a dizer que caniche não seria, mas cão-d'água português. Não sendo eu especialmente entendido em cães, não seria nada surpreendente que estivesse equivocado, mas enquanto os demais teimavam em declará-lo caniche, eu mantinha-me firme na minha convicção. Com a passagem do tempo, a questão perdeu interesse: caniche ou cão-d'água, o companheiro de Pepe e Greta (que já se foram ao paraíso dos cães) era simplesmente o Camões. Os cães vivem pouco para o amor que lhes ganhamos e Camões, final depositário do amor que dedicávamos aos três, já leva catorze anos vividos, como ficou dito acima, e os achaques próprios da idade começam a ameaçá-lo. Nada de grave por enquanto, mas ontem apanhámos um susto: Camões tinha febre, estava murcho, metia-se pelos cantos, de vez em quando soltava um ganido agudo e, coisa estranha, ele, que tão falto de forças parecia, desceu ao jardim e pôs-se a escavar a terra, fazendo uma cova que a imaginação de Pilar logo percebeu como a mais funesta das previsões. Felizmente, o mau tempo passou, pelo menos por agora. A veterinária não lhe encontrou nada de sério, e Camões, como para nos tranquilizar, recuperou a agilidade, o apetite e a tranquilidade de humor que o caracteriza, e anda por aí feito uma flor com a sua amiga Boli, que passa uns tempos em casa.

Por coincidência, foi hoje notícia que o cão prometido por Obama às filhas será precisamente um cão-d'água português. Trata-se, sem dúvida, de um importante trunfo diplomático de que Portugal deverá tirar o máximo partido para bem das relações bilaterais com os Estados Unidos, subitamente facilitadas graças à presença de um nosso representante direto, diria mesmo um embaixador, na Casa Branca. Novos tempos se avizinham. Tenho a certeza de que se Pilar e eu formos aos Estados Unidos, a polícia das fronteiras já não sequestrará os nossos computadores para lhes copiar os discos duros.

MARÇO DE 2009

Dia 2

GONÇALO M. TAVARES

A nova geração de romancistas portugueses, refiro-me aos que estão agora entre os 30 e os 40 anos de idade, tem em Gonçalo M. Tavares um dos seus expoentes mais qualificados e originais. Autor de uma obra surpreendentemente extensa, fruto, em grande parte, de um longo e minucioso trabalho fora das vistas do mundo, o autor de *O sr. Valéry*, um pequeno livro que esteve durante muitos meses na minha mesa de cabeceira, irrompeu na cena literária portuguesa armado de uma imaginação totalmente incomum e rompendo todos os laços com os dados do imaginário corrente, além de ser dono de uma linguagem muito própria, em que a ousadia vai de braço dado com a vernaculidade, de tal maneira que não será exagero dizer, sem qualquer desprimor para os excelentes romancistas jovens de cujo talento desfrutamos atualmente, que na produção novelesca nacional há um antes e um depois de Gonçalo M. Tavares. Creio que é o melhor elogio que posso fazer-lhe. Vaticinei-lhe o prémio Nobel para daqui a trinta anos, ou mesmo antes, e penso que vou acertar. Só lamento não poder dar-lhe um abraço de felicitações quando isso suceder.

Dia 3

ELEIÇÕES

Como sempre, uns ganharam, outros perderam. Estas campanhas eleitorais são monótonas, repetitivas e, talvez o seu pecado maior, previsíveis. São-no aqui e em toda a parte. Contados os votos, uns riem, outros choram. Os triunfadores são generosos, agradecem a toda a gente, os derrotados também, embora a dor lhes trave a efusão retórica. Não agradecem a Deus porque deixou de usar-se, mas beijarão a mão ao bispo na primeira ocasião. Quanto aos eleitores, esses já vão ligando pouco às promessas. Fica tudo para a campanha seguinte, quando se areje novamente a bandeira e, cada vez com menos ânimo, se tente renovar a esperança. Assim vamos andando e, a partir de agora, à espera do seu Godot, isto é, de Obama. Vamos a ver quanto tempo durará a garrafa de oxigénio.

Dia 4

REPARAR

Se podes olhar, vê.
Se podes ver, repara.
Escrevi-o para *Ensaio sobre a cegueira* há já uns bons anos. Hoje, quando se estreia em Espanha o filme baseado nesse romance, encontrei-me com a frase nos sacos da livraria Ocho y Medio e na contracapa do livro de Fernando Meirelles *Diario de Rodaje* que a mesma livraria-editora publicou com primor. Às vezes digo que com a leitura das epígrafes dos meus romances já se sabe tudo. Hoje, não sei porquê, vendo esta, eu mesmo tive uma súbita perceção, a da urgência de reparar, de combater a

cegueira. Será por tê-lo visto escrito num livro diferente daquele a que corresponde? Ou será porque este nosso mundo necessita de combater as sombras? Não sei. Mas se podes ver, repara.

Dia 5

REPARAR OUTRA VEZ

Numa conversa, ontem, com Luis Vázquez, amigo dos mais chegados e curador dos meus achaques, falámos do filme de Fernando Meirelles, agora estreado em Madrid, mas a que não pudemos assistir, Pilar e eu, como tencionávamos, porque um súbito resfriamento me obrigou a recolher à cama, ou a guardar o leito, como elegantemente se dizia em tempos não muito distantes. A conversa tinha começado por girar à volta das reações do público durante a exibição e no final dela, altamente positivas segundo Luis e outras testemunhas fidedignas e merecedoras de todo o crédito que nos fizeram chegar as suas impressões. Passámos depois, naturalmente, a falar do livro e Luis pediu-me que examinássemos a epígrafe que o abre ("Se podes olhar, vê, se podes ver, repara") porque, em sua opinião, a ação de ver é prevalecente em relação à ação de olhar e, portanto, a referência a esta poderia ser omitida sem prejuízo do sentido da frase. Não pude deixar de lhe dar razão, mas entendi que deveria haver outras razões a considerar, por exemplo, o facto de o processo da visão passar por três tempos, consequentes mas de alguma maneira autónomos, que se podem traduzir assim: pode-se olhar e não ver, pode-se ver e não reparar, consoante o grau de atenção que pusermos em cada uma destas ações. É conhecida a reação da pessoa que, tendo consultado o seu relógio de pulso, torna a consultá-lo se, nesse mesmo momento, alguém lhe perguntar as horas. Foi então que se fez luz na minha cabeça sobre a origem primeira da famosa epígrafe. Quando eu era pequeno, a palavra reparar, supondo que já a conhecesse, não seria para mim um objeto de primeira necessidade até que um dia um tio meu (creio ter sido aquele Francisco Dinis de quem falei em *As pequenas memórias*) me chamou a atenção para uma certa maneira de olhar dos touros que quase sempre, comprovei-o depois, é acompanhada por uma certa maneira de erguer a cabeça. Meu tio dizia: "Ele olhou para ti, quando olhou para ti, viu-te, e agora é diferente, é outra coisa, está a reparar". Foi isto o que contei ao Luis, que imediatamente me deu razão, não tanto, suponho, porque eu o tivesse convencido, mas porque a memória o fez recordar uma situação semelhante. Também um touro que o fitava, também aquele jeito de cabeça, também aquele olhar que não era simplesmente ver, mas reparar. Estávamos finalmente de acordo.

Dia 9

8 DE MARÇO

Acabo de ver nos noticiários da televisão manifestações de mulheres em todo o mundo e pergunto-me uma vez mais que desgraçado planeta é este em que ainda metade da população tem que sair à rua para reivindicar o que para todos já deveria ser óbvio...
Chegam-me informações oficiais de solenes instituições que dizem que pelo mesmo trabalho a mulher cobra dezasseis por cento menos, e seguramente esta cifra está falseada para evitar a vergonha de uma diferença ainda maior. Dizem que os conselhos de administração funcionam melhor quando são compostos por mulheres, mas os governos não se atrevem a recomendar que quarenta por cento, já não digamos cinquenta, sejam compostos por mulheres, ainda que, quando chega o colapso, como na Islândia, chamem mulheres para dirigir a vida pública e a banca. Dizem que para evitar a corrupção na organização do trânsito em Lima vão colocar guardas mulheres, porque se comprovou que nem se deixam subornar nem pedem coimas. Sabemos que a sociedade não funcionaria sem o trabalho das mulheres, e que sem a conversação das mulheres, como escrevi há algum tempo, o planeta sairia da sua órbita, nem a casa nem quem nelas habita teriam a qualidade humana que as mulheres colocam, enquanto

os homens passam sem ver, ou, vendo, não se dão conta de que isto é coisa de dois e que o modelo masculino já não serve. Continuo vendo manifestações de mulheres na rua. Elas sabem o que querem, isto é, não ser humilhadas, coisificadas, desprezadas, assassinadas. Querem ser avaliadas pelo seu trabalho e não pelo acidental de cada dia.

Dizem que as minhas melhores personagens são mulheres e creio que têm razão. Às vezes penso que as mulheres que descrevi são propostas que eu mesmo quereria seguir. Talvez sejam só exemplos, talvez não existam, mas de uma coisa estou seguro: com elas o caos não se teria instalado neste mundo porque sempre conheceram a dimensão do humano.

Dia 10

DOURO-DUERO

Há trinta anos, quando ainda era um jovem e porventura esperançoso escritor já à beira de converter-se em sexagenário, andava eu por terras de Miranda do Douro onde dava começo à inesquecível aventura que viria a ser a preparação e a elaboração do livro *Viagem a Portugal*. Não era casual este título. Com ele pretendia que o leitor, logo na primeira página, compreendesse que disso se tratava, de uma viagem a alguma parte, precisamente Portugal. Para reforçar no meu próprio espírito essa ideia saí do país por Monção e, durante uma semana, andei por Galiza e León até que, já com olhos limpos das imagens costumadas, avancei à descoberta da terra onde nascera. Lembro-me de ter parado no meio da ponte que une as duas margens do rio, de um lado, Douro, do outro, Duero, e ter procurado em vão, ou fingido procurar, a linha de fronteira que, parecendo separar, une afinal os dois países. Pensei então que uma boa maneira de começar o livro seria parodiar o famoso *Sermão de Santo António aos peixes* do padre António Vieira, dirigindo-me aos peixes que nadam nas águas do Douro e perguntando-lhes de que lado se sentiam eles, expressão talvez demasiado óbvia de um ingénuo sonho de amizade, de companheirismo, de mútua colaboração entre Portugal e Espanha. Não caiu em saco roto a utópica proposta. Naquele mesmo lugar do rio, rodeados pela água comum, acabam de reunir-se os representantes de 175 municípios ribeirinhos de um lado e do outro para debaterem sobre a criação de um agrupamento capaz de coordenar ações de desenvolvimento e definir planos viáveis de futuro. Talvez nenhum dos presentes tenha lido a minha versão do sermão do padre António Vieira, mas o espírito do lugar andava a chamá-los há trinta anos, e eles foram. Bem-vindos todos.

Dia 11

SENTIDO COMUM

Os meios de comunicação de todo o mundo publicaram a notícia: Obama proclama o fim das barreiras ideológicas para avançar na investigação de doenças que são autênticos martírios para seres humanos. Uns destacam a decisão do presidente Obama de basear as decisões científicas na ciência, em relatórios de cientistas com credenciais e experiência, e não pela sua filiação política ou ideologia. Palavra mais ou palavra menos, Obama considera que suprimir ou alterar descobertas ou conclusões científicas ou tecnológicas baseando-se em ideias ou crenças é pecar contra a honestidade. Para outros, no entanto, o pecado é investigar com células-mãe, por isso o diário do Vaticano, *L'Osservatore Romano*, recordava logo a seguir que o reconhecimento da dignidade pessoal deve ser estendido a todas as fases da existência do ser humano, signifique isso o que signifique, enquanto os bispos dos Estados Unidos diziam que era uma triste vitória da política sobre a ciência e a ética, e isto, definitivamente, já não sabemos o que significa, porque haveria que jogar com variáveis como dogmas, fé, mistérios, muito para esta hora.

Mas, já que estamos em ambiente religioso, tenho de confessar que o que havia de ter gostado de ler hoje seriam as manifestações de alegria da legião de pessoas afetadas por doenças como a alzheimer, a parkinson ou a diabetes. Que grande dia para eles, que grande dia para o sentido comum.

Dia 12

BEIJAR OS NOMES

Quando na Argentina se inaugurou o memorial às vítimas da ditadura, as mães que eram nossas guias mostravam-nos, poderia dizer-se que com o orgulho com que as mães costumam falar dos seus filhos: "Olha, este é o meu filho, ali está o de Juan Gelman, este é um sobrinho...". Eram simplesmente nomes gravados na pedra, nomes beijados mil vezes, eu próprio os beijei, como se beijavam em Madrid os nomes das vítimas do pior atentado ocorrido na Europa hoje, 11 de março, cinco anos depois de um dia que dificilmente poderemos esquecer porque o terror cavou bem fundo, até ao coração da sociedade espanhola. Para conseguir, seguramente, que desprezássemos mais as suas causas e, de uma vez para sempre, o método que empregam, o terror como único argumento, malditos sejam.

Hoje via as mães abraçadas, as vítimas contemplando-se, querendo, talvez, ver no olhar dos outros o olhar dos seus desaparecidos. Recordei que há tempos tinha dito que essa imagem era lacerantemente bela. Pilar pede que a recupere. Com o meu abraço às vítimas e o meu beijo aos nomes escritos na nossa memória.

Em Espanha, solidarizar-se é um verbo que todos os dias se conjuga simultaneamente nos seus três tempos: presente, passado e futuro. A lembrança da solidariedade passada reforça a solidariedade de que o presente necessita, e ambas, juntas, preparam o caminho para que a solidariedade, no futuro, volte a manifestar-se em toda a sua grandeza. O 11 de Março não foi só um dia de dor e de lágrimas, foi também o dia em que o espírito solidário do povo espanhol ascendeu ao sublime com uma dignidade que profundamente me tocou e que ainda hoje me emociona quando o recordo. O belo não é apenas uma categoria do estético, podemos encontrá-lo também na ação moral. Por isso direi que poucas vezes, em qualquer lugar do mundo, o rosto de um povo ferido pela tragédia terá tido tanta beleza.

Dia 13

A DEMOCRACIA NUM TÁXI

O eminente estadista italiano que dá pelo nome de Silvio Berlusconi, também conhecido pelo apodo de *il Cavaliere*, acaba de gerar no seu privilegiado cérebro uma ideia que o coloca definitivamente à cabeça do pelotão dos grandes pensadores políticos. Quer ele que, para obviar os longos, monótonos e demorados debates e agilizar os trâmites nas câmaras, senado e parlamento, sejam os chefes parlamentares a exercer o poder de representação, acabando-se ao mesmo tempo com o peso morto de umas quantas centenas de deputados e senadores que, na maior parte dos casos, não abrem a boca em toda a legislatura, a não ser para bocejar. A mim, devo reconhecê-lo, parece-me bem. Os representantes dos maiores partidos, três ou quatro, digamos, reunir-se-iam num táxi a caminho de um restaurante onde, ao redor de uma boa refeição, tomariam as decisões pertinentes. Atrás de si teriam levado, mas deslocando-se em bicicleta, os representantes dos partidos menores, que comeriam ao balcão, no caso de o haver, ou numa cafetaria das imediações. Nada mais democrático. De caminho poderia mesmo começar a pensar-se em liquidar esses imponentes, arrogantes e pretensiosos edifícios denominados parlamentos e senados, fontes de contínuas discussões e de elevadas despesas que não aproveitam ao povo. De redução em redução confio que chegaríamos ao ágora dos gregos. Claro, com ágora, mas sem gregos. Dir-me-ão que a este *Cavaliere* não há que tomá-lo a sério. Sim, mas o perigo é que acabemos por não tomar a sério aqueles que o elegem.

Dia 15

PRESIDENTA

Este texto cerra meio ano de trabalho. Outros trabalhos e anos sucederão a estes se os fados assim quiserem. Hoje, por coincidência dia do seu aniversário, o meu tema é Pilar. Nada de surpreendente para quem quiser recordar o que sobre ela tenho dito e escrito em já quase um quarto de século que levamos juntos. Desta vez, porém, quero deixar constância, e supremamente o quero, do que ela significa para mim, não tanto por ser a mulher a quem amo (porque isso são contas do nosso rosário privado), mas porque graças à sua inteligência, à sua capacidade criativa, à sua sensibilidade, e também à sua tenacidade, a vida deste escritor pôde ter sido, mais do que a de um autor de razoável êxito, a de uma contínua ascensão humana. Faltava, mas isso não podia imaginá-lo eu, a idealização e a concretização de algo que ultrapassasse a esfera da atividade profissional ou que dela pudesse apresentar-se como seu prolongamento natural. Foi assim que nasceu a Fundação, obra em tudo e por tudo obra de Pilar e cujo futuro não é concebível, aos meus olhos, sem a sua presença, sem a sua ação, sem o seu génio particular. Deixo nas suas mãos o destino da obra que criou, o seu progresso, o seu desenvolvimento. Ninguém o mereceria mais, nem sequer de longe. A Fundação é um espelho em que nos contemplamos os dois, mas a mão que o sustém, a mão firme que o sustém, é a de Pilar. A ela me confio como a qualquer outra pessoa não seria capaz. Quase me apetece dizer: este é o meu testamento. Não nos assustemos, porém, não vou morrer, a presidenta não mo permitiria. Já lhe devi a vida uma vez, agora é a vida da Fundação que ela deverá proteger e defender. Contra tudo e contra todos. Sem piedade, se necessário for.

1ª EDIÇÃO [2009] 1 reimpressão

2ª EDIÇÃO [2023]

ESTA OBRA FOI COMPOSTA PELA SPRESS EM TIMES E IMPRESSA EM
OFSETE PELA GRÁFICA BARTIRA SOBRE PAPEL PÓLEN BOLD DA SUZANO S.A.
PARA A EDITORA SCHWARCZ EM MARÇO DE 2023

A marca FSC® é a garantia de que a madeira utilizada na fabricação do papel deste livro provém de florestas que foram gerenciadas de maneira ambientalmente correta, socialmente justa e economicamente viável, além de outras fontes de origem controlada.